# LIDERAR LAS OLAS DEL CAMBIO DESARROLLANDO EL TALENTO ÁGIL

**A mis princesas** que me soportan cuando estoy haciendo surf en las empresas...

A la tribu y al gran equipo de colaboradoras de confianza que aportan su granito de arena para que las empresas sean más humanas y ágiles.

# INTRODUCCIÓN A LA AGILIDAD

Surfear para liderar el cambio...................................6

¿Por qué todos hablan de Agile? ...................................9

Los mitos de la agilidad ...................................13

Las dimensiones de la agilidad ...................................18

# LIDERAR EL CAMBIO

Agile Values Culture ...................................26

La cultura ágil ...................................34

Las personas primero ...................................46

# MODELO DE METACOMPETENCIAS ÁGILES

Modelo de metacompetencias ágiles ...................................54

Inteligencia Emocional ...................................72

Predisposición al cambio ...................................83

Orientación al cliente ...................................100

Innovación ...................................108

Pensamiento sistémico ...................................118

Gestión del conocimiento ...................................123

Decisiones basadas en datos ...................................130

Calidad Relacional ...................................137

Competencias técnicas ...................................142

Comunicación eficiente ...................................149

Liderazgo ágil ...................................154

Compromiso bienestar y flow ...................................160

# EL FUTURO LO ESCRIBES TÚ

Agile Coach & Coach Agile ...................................167

Epílogo ...................................176

Prácticas ágiles en empresas reales ...................................181

Bibliografía y agradecimientos ...................................182

Anexos ...................................183

# Surfeando

**Me encantan el mar y las olas.**

Imagina por un momento que estás en una playa paradisíaca (como la de Salinas, en Asturias). El sol brilla con fuerza, el mar tiene un color azul profundo y el sonido de las olas es como una melodía relajante. Te preparas para surfear, una actividad que requiere habilidad, coraje y, sobre todo, la capacidad de adaptarse a un entorno que cambia constantemente. Las olas, aunque maravillosas, no son predecibles (cómo me gusta ese sonido...). Unas veces son suaves y otras veces se levantan como gigantes imponentes. Surfear es equilibrio, exige flexibilidad y una buena dosis de confianza.

Ahora, imagina que tu empresa es esa tabla de surf y el mercado es el mar. Las olas son los cambios, a menudo inesperados y a veces desafiantes. Lo adivinaste, me encanta la playa, pero no sé surfear. ¿Cómo puedes mantenerte en pie y disfrutar del viaje en lugar de caer una y otra vez? La respuesta radica en algo tan esencial como la cultura de tu empresa.

Sí, estoy hablando de cultura. Ese concepto abstracto que, en realidad, es el corazón de la empresa. La cultura organizativa es la forma en que haces las cosas, cómo piensas, cómo comunicas y cómo te enfrentas a los desafíos. En un mundo que cambia a gran velocidad, donde la tecnología avanza y las expectativas del cliente cambian constantemente, la cultura organizativa es la clave para surfear las olas del cambio.

¿Por qué es tan importante la cultura? Porque sin una cultura sólida y adaptable, tu organización se parecerá a un surfista sin tabla (o a mí mismo que no tengo ni idea de cómo surfear): desorientado, desequilibrado y, en el peor de los casos, atrapado en un mar turbulento.

La cultura no solo define quién eres como empresa, sino también cómo respondes a los problemas y cómo aprovechas las oportunidades. Es el pegamento que une a las personas, que alinea las metas y que transforma la visión en acción.

En este libro exploraremos cómo puedes construir una cultura organizativa que te permita surfear el cambio en lugar de ser arrastrado por él. Vamos a sumergirnos en historias inspiradoras de personas y organizaciones que han logrado mantenerse a flote, adaptarse y prosperar en tiempos inciertos. Os daré estrategias prácticas surgidas de lecciones aprendidas y de errores que podemos evitar. Pero lo más importante, nos centraremos juntos en el corazón de todo esto: las Personas en mayúscula. Te dotaré de herramientas y del modelo de metacompetencias que he desarrollado e implementamos el equipo de Agile Institute dentro de nuestro programa de transformación Agile Values Culture.

Porque, al final, el cambio no se trata solo de sistemas, procesos o tecnologías. Se trata de las personas que hacen que todo funcione. La cultura organizativa es el reflejo de las actitudes, valores y comportamientos de cada individuo en tu empresa. Por lo tanto, si quieres que tu organización sea resiliente y esté preparada para el futuro, necesitas empezar desde dentro. Necesitas cultivar una cultura que celebre la adaptabilidad, que valore la innovación y que fomente la colaboración.

Así que agarra tu tabla de surf, ajusta tu postura y prepárate para descubrir cómo puedes navegar por las olas del cambio con confianza y a tu estilo. Este libro no es solo una guía sobre cómo gestionar el cambio. Es una llamada a transformar la forma en la que piensas sobre tu organización. Es un recordatorio de que el verdadero secreto para surfear las olas no está en luchar contra ellas, sino en aprender a movernos a su ritmo y con mucho equilibrio.

¡Bienvenidos a esta aventura de surf corporativo! Estás a punto de embarcarte en un viaje que te desafiará, te inspirará y, sobre todo, te equipará con las herramientas para enfrentarte a los cambios desde una nueva perspectiva. Así que prepárate. ¡La playa te está esperando!

# ¿Por qué todos hablan de Agile?

**«La agilidad no es una meta, es una capacidad para responder al cambio».**

Manifiesto Agile.

**¿Qué es la agilidad y por qué todos hablan de ella?**

Imagina que estás corriendo por un largo y oscuro pasillo con un montón de puertas cerradas. De repente, se enciende una luz al final y descubres una puerta que estuvo abierta justo tu lado todo el tiempo.

¿Qué tiene que ver esta imagen con la agilidad?

¡Todo!

La agilidad, tanto en tu vida como en las empresas, consiste en descubrir esas puertas abiertas. Es la capacidad de adaptarse rápidamente a los cambios y de aprovechar las oportunidades, en lugar de paralizarte con los obstáculos.

Es cierto que la agilidad nació en el mundo del desarrollo de *software*, pero rápidamente se extendió a otros sectores y, sorpresa, a la vida cotidiana.

¿Por qué? Porque vivimos tiempos turbulentos.

Hoy el mercado está en constante cambio (y esto acaba de empezar), las demandas de los clientes evolucionan con la misma rapidez con la que cambian las tendencias en TikTok (mi hija me tiene frito), y los planes cuidadosamente elaborados se pueden desmoronar de hoy para mañana. Ser ágil significa estar preparado para lo inesperado y saber pivotar (o cambiar de dirección) cuando la situación lo requiere.

Ahora te estarás preguntando, ¿cómo puedo adoptar una mentalidad ágil en mi vida diaria o en mi empresa sin tener que aprender un montón de metodologías complejas?
Tengo buenas noticias: es más sencillo de lo que parece. Aquí te dejo algunos principios básicos que puedes comenzar a aplicar hoy mismo:

1. **Aceptar el cambio como la nueva normalidad**. Olvídate de los planes a cinco años. En lugar de eso, céntrate en objetivos más cercanos que puedas ajustar según las circunstancias. Como dicen algunos, es mejor equivocarse rápido y barato que tarde y caro.

2. **Colaboración sobre competición**. Las empresas ágiles priorizan el trabajo en equipo. Esto no significa que todos debamos trabajar en lo que nos gusta o que la vida es color de rosa en el trabajo, sino que se trata de reconocer que las mejores ideas pueden venir de cualquier parte. Incluso de esa compañera o compañero que siempre llega tarde a las reuniones.

3. **Orientación al cliente.** En la vida y en los negocios, saber lo que quiere el cliente (o tu pareja o la gata de mi compañera Blanca) es la clave. Pregúntales, escucha y luego entrega lo que necesitan, no lo que tú crees que quieren. Ah, y si no te aceptan tus propuestas, deja de insistir. Ser pesado no ayudará a que el cliente esté contento.

4. **Mejora continua**. La agilidad no es un destino, es un viaje (lo cuento en todas nuestras formaciones). Y en ese viaje

siempre hay espacio para mejorar. Revisa lo que has hecho, aprende de tus errores y ajusta el objetivo si es necesario.

La mayoría de la gente asocia la agilidad con interminables reuniones de *stand-up* o donde todos se paran durante quince minutos para decir en qué están trabajando. Pero la agilidad va mucho más allá de las reuniones y los tableros llenos de notas adhesivas de colores. **Las personas siempre son lo más importante**.

En una empresa, ser ágil implica tener equipos multifuncionales que puedan autogestionarse. En lugar de depender de una jerarquía rígida y de largos procesos de aprobación, estos equipos tienen la autonomía para tomar decisiones rápidamente. Esto no solo acelera el desarrollo de productos y la capacidad de entrega de valor en proyectos, sino que también aumenta el compromiso del equipo porque, seamos sinceros, a nadie le gusta tener que pedir permiso para todo.

Además, las empresas ágiles invierten en la formación continua de sus empleados. Parece obvio, pero hay muchísimas empresas que aún no utilizan las bonificaciones para la formación anual (que gestiona la Fundación Estatal para la Formación del Empleo en España).

¿Por qué? Porque en un entorno de cambio constante, estar a la última en conocimiento diferencia y las habilidades se vuelven obsoletas rápidamente. Así que, ya sea aprender a codificar o mejorar tus habilidades de comunicación, siempre hay algo nuevo que entrenar.

## APRENDIZAJES DEL CAPÍTULO

Aplicar la agilidad en la vida diaria es tan útil como tener un mapa cuando estás perdido en medio de la nada. Aquí hay algunas formas de hacerlo:

1. **Haz cambios poco a poco**. En lugar de tratar de cambiar tu vida de golpe, haz pequeños cambios incrementables. ¿Quieres empezar a hacer ejercicio?
   Comienza con diez minutos al día en lugar de intentar correr una maratón la próxima semana.

2. **Sé flexible con tus metas**. Está bien cambiar tus objetivos. A veces, perseguimos metas que no son realmente nuestras, sino las que nos impusieron nuestros padres, nuestros amigos o la sociedad. Comprueba con regularidad tus objetivos y ajústalos según lo que de verdad te apasiona.

3. **Practica la retrospección personal**. Dedica un tiempo al final de cada semana para reflexionar sobre lo que funcionó y lo que no. Esto no es solo para empresas, sino para cualquier persona que quiera vivir una vida más consciente y significativa.

4. **Construye redes de apoyo**. Tener a personas en las que confíes para obtener retroalimentación y apoyo es esencial. En el trabajo, esto podría ser un mentor o un colega de confianza. En la vida personal, podría ser un amigo cercano o un miembro de la familia.

5. **Utiliza listas para priorizar**. A mi compañera y amiga en **Agile Institute**, Blanca Araujo le encantan las listas para priorizar. Estas dan grandísimos resultados si tienes un alto grado de constancia y de flexibilidad.

# Los Mitos de la agilidad

**«Dame una palanca lo suficientemente larga y un punto de apoyo, y moveré el mundo».**

Arquímedes.

En una conocida empresa multinacional ya se respiraba un aire de cambio. Julio, el CEO desde hacía 3 años había anunciado con gran entusiasmo una nueva iniciativa para hacer que la empresa fuese

más «ágil». Sus palabras se propagaron rápidamente: «Vamos a implementar Scrum en todos los equipos». Las opiniones estaban divididas. Algunas personas, como Diego, un desarrollador sénior, pensaban que esta sería la solución a todos sus problemas de eficiencia y comunicación. Otros, como Paula, la jefa de marketing, eran más escépticos:

«Una metodología más —comentó a su equipo—. Hemos probado tantas y ninguna ha solucionado nuestros verdaderos problemas». Para ella, la agilidad era una palabra de moda que los líderes lanzaban cuando querían aparentar ser innovadores sin hacer cambios profundos en la cultura de la empresa.

Diego, lleno de entusiasmo, asistió al primer taller de Scrum ofrecido por **Agile Institute** con la mente abierta y muchas expectativas. Allí aprendió sobre los roles, las reuniones diarias, los «sprints» y las «retrospectivas». Blanca y Antonio, los profes, aseguraron que, si seguían la metodología al pie de la letra, serían más productivos, más innovadores y estarían más alineados con las necesidades del cliente. El desarrollador sénior salió convencido de que habían encontrado la solución perfecta.

Sin embargo, en las semanas siguientes, se hizo evidente que algo no estaba funcionando. El equipo de Diego comenzó a realizar las reuniones diarias y a dividir el trabajo en sprints de dos semanas, pero los problemas persistían. Las reuniones se convirtieron rápidamente en una formalidad sin valor, los sprints se llenaron de tareas mal definidas y el equipo seguía luchando con la comunicación y la falta de alineación. En lugar de sentirse más ágiles, se sentían más atrapados en un proceso rígido que no entendían completamente.

Paula observó estos desarrollos con una mezcla de satisfacción y resignación. «¿Ves? —le dijo a Diego durante un café—. Te lo dije, la agilidad no se consigue con solo adoptar una metodología. Lo que necesitamos es un cambio en la mentalidad, no más reglas y ceremonias que solo nos distraen de nuestro trabajo real».

Después de varios sprints fallidos, el equipo de Diego estaba frustrado. La alta dirección comenzaba a cuestionar la efectividad de la implementación de Scrum, y algunos miembros del equipo se preguntaban si de verdad estaban mejorando. Julio, el CEO, decidió intervenir y llamó a todos los equipos a una reunión.

«Escuchen —comenzó Julio—, me doy cuenta de que hemos cometido un error al pensar que la agilidad viene solo de adoptar una metodología. **La agilidad es una mentalidad, una forma de pensar y de abordar nuestro trabajo.** No se trata de cumplir con una serie de reglas o de realizar reuniones porque sí. Es cómo colaboramos, cómo aprendemos de nuestros errores y cómo nos adaptamos a los cambios».

Julio propuso un enfoque diferente. En lugar de centrarse estrictamente en seguir Scrum al pie de la letra, sugirió que cada equipo se tomara un tiempo para reflexionar sobre sus propios procesos, identificar los problemas reales a los que se enfrentaban y pensar en soluciones ágiles que pudieran aplicar de manera flexible. «Podemos tomar elementos de Scrum, Kanban o cualquier otra metodología que funcione para nosotros. Pero lo más importante es que adoptemos una mentalidad ágil y desarrollemos nuestras competencias profesionales para abordar el trabajo de manera diferente».

Con este nuevo enfoque, los equipos comenzaron a trabajar de manera diferente. En lugar de ver las reuniones diarias como una obligación, empezaron a utilizarlas para una comunicación abierta y eficiente. Paula, que siempre había sido escéptica, se sorprendió cuando su equipo de marketing comenzó a utilizar tableros Kanban para gestionar su carga de trabajo de una manera más visual y eficiente. «Esto de verdad nos ayuda a ver en qué estamos trabajando y a identificar cuellos de botella», admitió y se convirtió en una de las personas más impulsoras dentro de la organización.

El equipo de Diego dejó de obsesionarse con cumplir estrictamente con la metodología Scrum y, en su lugar, se centró en la mejora continua. Después de cada sprint, realizaban retrospectivas sinceras en las que discutían abiertamente lo que había funcionado y lo que no, sin miedo a salirse de las reglas de Scrum. Por ejemplo, decidieron que los dailys de Scrum no eran eficaces para ellos y optaron por reuniones de pie rápidas (de cinco minutos) centradas solo en bloqueos específicos.

El cambio más significativo, sin embargo, fue en la cultura de la empresa. La comunicación mejoró porque los equipos comenzaron a valorar la transparencia y la colaboración real. Las personas se sentían más capaces de tomar decisiones, experimentar con nuevas ideas y aprender de sus fracasos sin miedo a las repercusiones. La jerarquía tradicional se volvió más plana y la empresa comenzó a ver un aumento en la moral del equipo, la creatividad y, finalmente, en la satisfacción del cliente. Los resultados llegan a medio y largo plazo...

Después de seis meses, la empresa no solo había adoptado una actitud ágil, sino que había transformado su cultura. Los equipos ya no estaban atados a una metodología específica, sino que mostraban una verdadera mentalidad ágil a través del desarrollo de las competencias de cada equipo. La empresa empezó a aprender en un entorno donde la adaptabilidad, la colaboración y la mejora continua eran más valoradas que seguir un conjunto estricto de reglas.

Julio, al reflexionar sobre el viaje del equipo de Transformación compartió sus pensamientos en una reunión general: «La agilidad no la da la metodología. La agilidad viene de cómo pensamos y trabajamos juntos. No se trata de ser perfectos en seguir unas reglas, sino de ser mejores en cómo colaboramos y nos adaptamos cada día para mejorar nuestras prácticas y competencias. Ese es el verdadero espíritu ágil».

Y, así, este equipo demostró que la agilidad no es un destino al que se llega adoptando una metodología, sino un viaje continuo que requiere una mentalidad abierta, flexible y centrada en el aprendizaje constante y el desarrollo de competencias.

## APRENDIZAJES DEL CAPÍTULO

La agilidad no es una metodología, es una mentalidad, actitud y filosofía.

Las metodologías en sí mismas no harán tu empresa más ágil si no hay un verdadero cambio de prácticas. El Kaizen es una buena manera de incorporar la agilidad. «La lluvia fina también empapa», como dijo Blanca Araujo. No hay solo un camino, a veces unos caminos abren puertas y otros las cierran.

La agilidad requiere de la adquisición de nuevas competencias y nuevos roles.

Las empresas deberían ser capaces de pivotar más rápidamente y adaptarse a nuevas tecnologías y modelos de trabajo. Pero también en nuestras vidas personales, la agilidad sería una habilidad cada vez más valorada. Aquellos que puedan aprender rápidamente, adaptarse y estar dispuestos a cambiar, serán los que prosperen.

En resumen, la agilidad no es solo una palabra de moda o una metodología más. Es una mentalidad, una forma de vivir y trabajar que puede ayudarte a enfrentar los desafíos de un mundo en constante cambio. Así que, la próxima vez que te enfrentes a un problema, ya sea en la oficina o en casa, pregúntate: ¿Cómo puedo ser más ágil en esta situación? Quizás descubras que la solución estaba más cerca de lo que pensabas.

# Las dimensiones de la agilidad

**«Las organizaciones no son estructuras mecánicas, sino sistemas vivos que deben evolucionar para sobrevivir».**

Gareth Morgan.

La agilidad empresarial se ha convertido en una necesidad crucial para la sostenibilidad (entendida como supervivencia) de las organizaciones, tal como hemos descrito anteriormente. Ya no se  trata solo de ser rápido o flexible; la agilidad empresarial implica una transformación profunda que abarca múltiples dimensiones dentro de la empresa. Este enfoque integral, holístico y sistémico permite a las organizaciones no solo responder de manera eficiente a los cambios, sino también anticiparse a ellos, innovar y liderar en su sector.

A continuación, exploraremos cuatro dimensiones clave de la agilidad empresarial: la **agilidad estratégica**, la **agilidad organizacional**, la **agilidad de procesos** y la **agilidad tecnológica**. Cada una de estas dimensiones ofrece un conjunto específico de capacidades y prácticas que permiten a las empresas adaptarse y prosperar en un entorno de incertidumbre.

## 1. Agilidad Estratégica: Surfeando en un entorno de incertidumbre.

La agilidad estratégica es la capacidad de una empresa para adaptarse rápidamente a las condiciones cambiantes del mercado y a las necesidades del cliente mediante la reconfiguración continua de sus estrategias. Esta dimensión de la agilidad permite a las organizaciones pivotar con efectividad cuando surgen nuevas oportunidades o amenazas, manteniendo un interés claro en la creación de valor a largo plazo.

**Características de la Agilidad Estratégica:**

- **Visión flexible y adaptativa.** Las organizaciones ágiles tienen una visión estratégica que no está escrita en piedra. Mientras que los objetivos a largo plazo son claros, los caminos para alcanzarlos son flexibles. Esto permite que la empresa pueda ajustar sus planes estratégicos rápidamente en respuesta a cambios externos, como la entrada de nuevos competidores, cambios regulatorios o la evolución de las preferencias del cliente.

- **Toma de decisiones rápida y descentralizada.** Para ser estratégicamente ágiles, las decisiones deben tomarse en el tempo adecuado. Esto significa empoderar a los líderes de nivel medio y a los equipos de trabajo para que tomen decisiones informadas sin necesidad de aprobación constante de la alta dirección. La descentralización no solo acelera la respuesta, sino que también mejora la calidad de las decisiones al acercarlas al terreno.

- **Experimentación continua**. La agilidad estratégica también implica la experimentación continua. Las organizaciones deben estar dispuestas a probar nuevas ideas, productos y servicios, aprender rápidamente de los fracasos y escalar los éxitos. Esto reduce el riesgo asociado con la innovación y permite a las empresas mantenerse por delante de la competencia.

Este verano he leído *No Rules Rules* (*Aquí no hay reglas*), de Reed Hastings y Erin Meyer, que os recomiendo. Es el ejemplo clásico de agilidad estratégica. Un servicio de alquiler de DVD por correo en sus orígenes, Netflix, supo pivotar su modelo de negocio hacia el streaming cuando reconoció el cambio en las preferencias del consumidor hacia la visualización digital. Más tarde, Netflix nuevamente ajustó su estrategia para concentrarse en la producción de contenido original, anticipándose a la creciente competencia de otros servicios de streaming y asegurando su lugar como líder en la industria del entretenimiento digital.

### 2. Agilidad organizacional: La cultura como base del cambio.

La agilidad organizacional se refiere a la capacidad de una empresa para cambiar su estructura, procesos y cultura interna para adaptarse a las necesidades emergentes. A diferencia de la agilidad estratégica, que se centra en la planificación y la dirección, la agilidad organizacional se centra en cómo la organización está estructurada y cómo su gente trabaja junta para cumplir con los objetivos estratégicos.

**Características de la agilidad organizacional:**

- **Cultura de colaboración y aprendizaje.** Una cultura organizacional que fomenta la colaboración abierta, el intercambio de conocimientos y el aprendizaje continuo es fundamental para la agilidad. Las organizaciones ágiles valoran la diversidad y a los empleados que desafían el *statu quo* para generar mejoras, aprender de los errores y experimentar con nuevas ideas.

- **Equipos multifuncionales y autoorganizados.** La agilidad organizacional se basa en la formación de equipos multifuncionales que pueden autoorganizarse para abordar proyectos y resolver problemas. Estos equipos tienen las habilidades y la autonomía necesarias para tomar decisiones sin preguntar y actuar con agilidad. Esto reduce los silos organizacionales y mejora la eficiencia operativa.

- **Estructuras planas y flexibles.** Las organizaciones ágiles tienden a tener estructuras organizativas mucho más planas que reducen la burocracia y permiten una comunicación más rápida y eficaz. Estas estructuras también son más flexibles, lo que permite a la empresa reorganizarse rápidamente en respuesta a nuevas prioridades o cambios en el mercado.

**Spotify** es un excelente ejemplo de agilidad organizacional. La compañía ha implementado un modelo organizacional conocido como «Squads, Tribes, Chapters, and Guilds» que fomenta la autonomía de los equipos pequeños (squads) mientras promueve la colaboración y el aprendizaje a través de unidades más grandes y horizontales (tribes, chapters, and guilds). Esta estructura permite a Spotify ser extremadamente ágil y adaptable, lo que hace que lance nuevas funciones y mejoras rápidamente en respuesta a las demandas del mercado.

**3. Agilidad de procesos y flujos: Eficiencia y adaptabilidad en la operativa.**

La agilidad de procesos es la capacidad de una empresa para ajustar y optimizar rápidamente sus procesos operativos para mejorar la eficiencia y adaptarse a las necesidades cambiantes del cliente. Esta dimensión de la agilidad se centra en cómo se realizan las tareas y cómo se puede mejorar la entrega de productos y servicios. En **Agile Institute** nos gusta cocrearlos con los equipos que realizan el trabajo.

**Características de la Agilidad de procesos:**

- **Optimización continua de procesos.** Las organizaciones ágiles están en un estado constante de optimización de procesos. Utilizan herramientas y metodologías como Lean y Kaizen para identificar y eliminar desperdicios, mejorar la calidad y reducir los tiempos de ciclo. El objetivo es crear procesos que sean lo suficientemente robustos como para garantizar la calidad, pero también lo suficientemente flexibles como para adaptarse pronto a los cambios. El equilibrio entre calidad y flexibilidad es superimportante.

- **Automatización Inteligente.** La automatización de tareas repetitivas y de bajo valor permite a las empresas ágiles liberar recursos y concentrar a las personas en actividades que de verdad agreguen valor. Sin embargo, la automatización debe implementarse de manera inteligente para no crear rigideces que dificulten la adaptabilidad. Ejemplo: Al contratar el software no generar más complejidad en el trabajo.

- **Integración y colaboración de procesos.** La integración de procesos entre diferentes funciones y departamentos es clave para romper silos. Las organizaciones ágiles buscan eliminar barreras internas que puedan obstaculizar el flujo de información y la colaboración. Esto se logra a través de plataformas de integración de procesos y herramientas colaborativas que permiten una coordinación más fluida.

**Toyota**, a través de su famoso Sistema de Producción Toyota (TPS), ejemplifica la agilidad de procesos. Toyota utiliza principios Lean para optimizar continuamente sus procesos de producción, eliminando desperdicios y mejorando la calidad. La empresa también es conocida por su capacidad de ajustar rápidamente sus líneas de producción en respuesta a cambios en la demanda del mercado, lo que le permite minimizar el inventario y maximizar la eficiencia.

**4. Agilidad tecnológica: Innovación y adopción ágil del cambio tecnológico.**

La agilidad tecnológica es la capacidad de una empresa para adoptar rápidamente nuevas tecnologías, integrarlas en sus procesos y utilizarlas para crear nuevas oportunidades de negocio. Esta dimensión es crucial en un entorno empresarial donde la tecnología cambia rápidamente y las empresas deben ser capaces de adaptarse rápidamente a estos cambios para seguir siendo competitivas.

**Características de la agilidad tecnológica:**

- **Arquitectura tecnológica flexible y modular.** Las organizaciones ágiles desarrollan y mantienen arquitecturas tecnológicas que son modulares y flexibles. Esto permite una fácil integración de nuevas tecnologías y facilita las actualizaciones y cambios rápidos sin la necesidad de grandes inversiones o interrupciones.

- **Cultura de innovación tecnológica.** Una cultura que fomenta la experimentación y la adopción de nuevas tecnologías es clave para la agilidad tecnológica. Las empresas deben estar dispuestas a explorar tecnologías emergentes como la inteligencia artificial, el blockchain o la realidad aumentada, y encontrar formas creativas de aplicarlas para mejorar sus productos y servicios. Existen muchos grupos de trabajo y clusters donde una empresa pequeña puede participar.

- **Ciclo de desarrollo rápido.** Las organizaciones tecnológicamente ágiles utilizan prácticas como mapa experiencia del cliente, Scrum, Kanban, Design Thinking... Esto les permite lanzar nuevas funcionalidades rápidamente y recibir retroalimentación del cliente en tiempo real, mejorando continuamente sus productos.

**Amazon** es un líder en agilidad tecnológica. La compañía ha construido una infraestructura tecnológica flexible que le permite experimentar e implementar rápidamente nuevas tecnologías y servicios. Su interés en la automatización, la inteligencia artificial y el aprendizaje automático ha permitido a Amazon innovar constantemente, desde la creación de su plataforma de nube AWS hasta la implementación de almacenes automatizados y la exploración de entregas con drones.

## APRENDIZAJES DEL CAPÍTULO

La agilidad empresarial no es una cuestión de seguir una receta única o de aplicar una metodología específica.

**Integra las dimensiones para una verdadera agilidad empresarial** basada en agilidad estratégica, cultural y organizacional, de procesos y tecnológica.

Solo al abordar cada una de estas dimensiones de manera coherente, una organización puede convertirse de verdad en ágil. Tenemos que cuestionar el *statu quo*, fomentar una cultura de aprendizaje y colaboración, introducir nuevas competencias y optimizar continuamente los procesos.

Incorpora los avances tecnológicos necesarios (no los necesitas todos).

# Agile Values Culture

**Agilizar la organización a través de las personas es la mayor de las ventajas competitivas.**

Agilizar una organización es complejo si se aborda desde una única dimensión. **Para hacer ágil una organización, es esencial adoptar principios y prácticas que fomenten la flexibilidad, la colaboración y la capacidad de adaptarse rápidamente a los cambios.** Muchas empresas han optado por introducir las metodologías o mejorar la eficiencia como primer paso y están dedicando menos esfuerzo a mejorar las dimensiones que explicaba en el capítulo anterior.

Agile Values Culture es el marco para agilizar una organización que ha desarrollado **Agile Institute** para acelerar la incorporación de la agilidad en la empresa a través de la transformación cultural.

Nuestro modelo de transformación es global y holístico, puesto que entiende la organización como un sistema vivo que forma un todo.

¿Cómo hago que mi organización se mueva como sistema adaptativo? Antes de iniciar un proceso de transformación ágil o digital te recomiendo una preparación previa de las personas y la empresa. Estos pasos te ayudarán a que exista una alta predisposición al cambio.

1. **Organización como un organismo adaptativo.**

   **Adaptación al entorno**. Al igual que los organismos vivos, las empresas deben adaptarse constantemente a los cambios en su entorno, que pueden incluir cambios en el mercado, tecnología, regulaciones y expectativas de los clientes. Una empresa que se considera un sistema vivo está en constante evolución.

   **Interconexión de componentes**. En un sistema vivo, todas las partes están interconectadas. Las decisiones y acciones en un área de la organización afectan a otras áreas. Esto promueve la colaboración y el trabajo en equipo, así como una visión holística de la gestión.

2. **Cambio y evolución continua.**

   **Capacidad de aprendizaje**. Como un ser vivo, una empresa ágil está en un proceso continuo de aprendizaje y evolución. Esto implica no solo adaptarse a los cambios, sino también anticiparlos y prepararse para ellos. Fomentar una cultura de aprendizaje y mejora continuos es fundamental.

   **Innovación y creatividad**. Las empresas entendidas como sistemas vivos valoran la innovación y la creatividad. Están abiertas a experimentar con nuevas ideas y a adaptarse rápidamente si las condiciones cambian. La innovación no solo es una opción, sino una necesidad para la supervivencia.

3. **Cultura organizacional y valores compartidos.**

   **Cultura como ADN de la empresa**. La cultura organizacional es vista como el ADN del sistema vivo que es la empresa. Esta cultura debe ser lo suficientemente fuerte como para mantener la cohesión interna, pero también lo suficientemente flexible como para adaptarse a los cambios.

**Valores compartidos**. Los valores compartidos y la misión organizacional actúan como la «memoria genética» que guía a la empresa en tiempos de cambio, asegurando con ello que la organización mantenga su identidad y propósito incluso mientras se adapta y evoluciona.

4. **Resiliencia y sostenibilidad.**

   **Resiliencia organizacional**. Como un sistema vivo, una empresa debe ser resiliente. Esto significa tener la capacidad de recuperarse rápidamente de los desafíos, aprender de ellos y fortalecerse. La resiliencia se construye a través de la diversificación, la preparación y la flexibilidad en los procesos.

   **Sostenibilidad**. Además de adaptarse a corto plazo, una organización viva también se centra en la sostenibilidad a largo plazo, cuidando tanto de los recursos internos (los empleados y el conocimiento, por ejemplo) como de los externos (el medio ambiente y la comunidad).

5. **Comunicación y retroalimentación constantes.**

   **Flujo de Información**. En un sistema vivo, la comunicación y el flujo de información son vitales para el funcionamiento correcto. Las empresas deben establecer canales claros y abiertos para la comunicación tanto interna como externa, lo que facilita una rápida retroalimentación y toma de decisiones.

   **Procesos de retroalimentación**. Los mecanismos de retroalimentación, como las encuestas de satisfacción del cliente, las evaluaciones de desempeño y las retrospectivas de equipo, permiten a la empresa evaluar continuamente su actividad y realizar ajustes oportunos.

6. **Liderazgo distribuido y participación de los empleados.**

   **Liderazgo en todos los niveles**. En un sistema vivo, el liderazgo no se limita a la alta dirección. Se distribuye a lo largo de toda la organización, empoderando a los empleados en todos los niveles para tomar decisiones y liderar iniciativas.

   **Participación de los empleados**. Fomentar la participación de los empleados en la toma de decisiones y la solución de problemas es crucial. Los empleados no son meros ejecutores de órdenes, sino colaboradores que aportan ideas y conocimientos valiosos al proceso.

7. **Capacidad de autoorganización y colaboración.**

   **Autoorganización de equipos**. Los equipos dentro de la empresa deben tener la capacidad de autoorganizarse para responder rápidamente a los desafíos y oportunidades. Esto implica la descentralización de la toma de decisiones y la creación de estructuras flexibles.

   **Colaboración interdisciplinar**. Fomentar la colaboración entre diferentes departamentos y disciplinas es esencial para una organización entendida como un sistema vivo. Esto permite que la organización aproveche al máximo las diversas habilidades y perspectivas de sus empleados.

8. **Sistemas abiertos.**

   **Interacción con el entorno**. Un sistema vivo no opera en aislamiento. Las empresas deben interactuar con su entorno, incluyendo clientes, proveedores, competidores y la comunidad en general. Mantener una buena relación con todas las partes interesadas es fundamental para la sostenibilidad y el crecimiento.

   **Capacidad de integración y sinergia**. Las empresas vistas como sistemas vivos buscan sinergias no solo dentro de la organización, sino también con su entorno. Esto puede incluir alianzas estratégicas, colaboración con startups y asociaciones con instituciones educativas.

Adoptar la perspectiva de la empresa como un sistema vivo permite a las organizaciones ser más adaptativas, innovadoras y resilientes en un entorno de constantes cambios. Esta visión requiere un cambio de mentalidad, procesos flexibles, liderazgo distribuido y una cultura organizacional sólida que fomente el aprendizaje, la innovación y la colaboración. Al hacerlo, las empresas son más sostenibles y tienen más capacidad de prosperar en el dinámico mundo empresarial actual. Al finalizar el capítulo menciono algunos libros para aquellos que quieran profundizar académicamente.

Me gustaría mencionar al profesor **Itamar Rogovsky**, autor y académico conocido por su trabajo sobre el concepto de organizaciones vivas. Como profesor y consultor en desarrollo organizacional, Rogovsky ha explorado cómo las organizaciones pueden ser vistas como entidades vivas que deben adaptarse y evolucionar en un entorno dinámico. Su filosofía se centra en la aplicación de principios de la biología y la teoría de sistemas vivos a la gestión organizacional. Según Rogovsky, la cultura de una organización actúa como el ADN del organismo, que guía sus comportamientos y decisiones. Este ADN cultural es fundamental para la cohesión interna y la capacidad de adaptación de la organización. La cultura debe ser flexible para permitir la innovación y la respuesta rápida a los cambios del entorno. Al final os dejamos algunos autores referentes para los que quieran profundizar.

Agile Values Culture es, por tanto, el marco para la agilidad estratégica, la capacidad de una organización para adaptarse rápidamente a los cambios del entorno, tomar decisiones estratégicas rápidas y ejecutar acciones eficientes. Implementar agilidad estratégica implica crear una organización que no solo reaccione a los cambios, sino que también anticipe y se prepare para ellos, que sea capaz de pivotar cuando sea necesario. Integra en la estrategia todas las dimensiones de la agilidad aportando una solución global a la organización con cuatro marcos de trabajo propios:

- Agilidad estratégica: MPVA (dirección por valores ágiles).
- Agilidad organizativa: metacompetencias ágiles.
- Agilidad de procesos: Metodologías Lean Agile.
- Agilidad tecnológica: IA y aplicaciones.

A continuación, se presentan algunos pasos clave o estrategias para implementar Agile Values Culture en una organización:

- o Desarrollar una cultura organizacional ágil.
- o Desarrollar competencias ágiles.
- o Fomentar una mentalidad de cambio.
- o Abrir la comunicación y el feedback.
- o Implementar estructuras organizativas más flexibles.
- o Formación en agilidad.
- o Objetivos claros, colaborativos y flexibles.
- o Orientarse y concentrarse en el cliente y el mercado.
- o Adoptar metodologías y pilotos.
- o Toma de decisiones ágiles basadas en datos.
- o Mejora continua.
- o Medir y evaluar la agilidad.

## LIBROS RECOMENDADOS

***Organizaciones Vivas****: La Innovación y el Aprendizaje en Tiempos de Cambio*, de Itamar Rogovsky.
Este libro se centra en la idea de que las organizaciones deben ser tratadas como sistemas vivos que necesitan aprender y adaptarse constantemente para sobrevivir en un entorno cambiante. Rogovsky explora cómo las organizaciones pueden fomentar la innovación y el aprendizaje continuo entre sus empleados y estructuras.

***Complexity and Creativity in Organizations***, de Ralph Stacey. Se centra en la complejidad y la teoría del caos en las organizaciones. Sugiere que las organizaciones deben ser vistas como sistemas complejos y adaptativos. Argumenta que el comportamiento emergente, la autoorganización y la creatividad surgen del borde del caos, características que son fundamentales para ver a la organización como un sistema vivo.

***La Quinta Disciplina: El Arte y la Práctica de la Organización Abierta al Aprendizaje***, de Peter Senge. Este autor es conocido por introducir el concepto de **organización que aprende**, que ve a la organización como un organismo vivo que aprende y se adapta. Esta obra enfatiza la importancia de la **retroalimentación continua**, el pensamiento sistémico y el aprendizaje continuo como mecanismos para que las organizaciones se adapten a un entorno cambiante.

***Reinventar las organizaciones***, de Frederic Laloux.
Presenta el próximo estadio en el progreso de las organizaciones humanas. Uno de los libros de management más aclamados e importantes de los últimos años. Plantea la premisa siguiente: nos hallamos en uno de esos momentos críticos de cambio; vislumbramos los albores de un nuevo gran salto hacia delante.

**APRENDIZAJES DEL CAPÍTULO**

Las organizaciones son sistemas vivos en movimiento con capacidad de cambio y de adaptación formadas por personas que trabajan en equipos.

Implementar la agilidad estratégica en una organización requiere un enfoque con múltiples factores que incluye cambios en la cultura organizacional, la estructura, los procesos, la tecnología y la estrategia.

La transformación es un proceso continuo que implica adaptar y mejorar constantemente para responder a un entorno de negocio dinámico y competitivo.

Al adoptar **Agile Values Culture** como marco estratégico de transformación, las organizaciones pueden acelerar su capacidad de adaptarse rápidamente, innovar y prosperar en un entorno en constante cambio.

# La cultura ágil

«La cultura de una organización es tan poderosa que puede hacer que el mejor plan de negocios fracase o el peor plan de negocios triunfe».

Patrick Lencioni.

Hacía poco que Clara, una joven psicóloga muy inquieta se había incorporado como responsable de una compañía con muchos años de historia y con amplia plantilla, con oficinas grises y frías que parecían un laberinto interminable de cubículos y pasillos. Durante años, la empresa había sido un referente en la fabricación de productos tecnológicos, pero últimamente los problemas se habían multiplicado. Los proyectos nunca se entregaban a tiempo, los empleados parecían desmotivados y la competencia más joven y ágil empezaba a ganarles terreno.

En medio de esta crisis, Clara acababa de ser contratada para mejorar la situación a través del talento. Clara era conocida por su energía contagiosa, su risa fácil y su capacidad para pensar fuera de lo establecido. Desde el primer día, sintió que algo no iba bien. Los líderes (casi todos hombres de mediana edad) caminaban cabizbajos, el ambiente era opresivo y las reuniones eran largas y sin propósito. Había trabajado antes en empresas más dinámicas y sabía que las cosas podían ser diferentes.

Un día (pasado mucho tiempo hasta que ganó confianza), durante una de esas interminables reuniones, Clara levantó la mano. ¿Por qué no probamos algo nuevo? He oído hablar de una nueva forma de trabajar llamada Agile.

Podríamos usarla para reorganizar nuestro trabajo y ser más eficientes».

El director del proyecto, un hombre llamado Arturo, la miró con escepticismo. Era un hombre de la vieja escuela, acostumbrado a planes rígidos y jerarquías claras. «¿Agile? ¿Eso no es solo una moda?», preguntó arqueando una ceja.

Pero Clara no se dejó intimidar. Explicó que Agile se centraba en la colaboración, la flexibilidad y la entrega continua de valor. «Podríamos dividir nuestro trabajo en partes más pequeñas y manejables —dijo—. Podríamos tener reuniones diarias cortas para estar todos en sintonía y adaptarnos rápidamente a cualquier cambio».

Arturo resopló, pero algunos de los otros empleados, que también estaban hartos de la forma en que se hacían las cosas, comenzaron a mostrar interés. Así que, al final, después de mucha discusión y algunas miradas de desaprobación, se decidió que probarían Agile en un pequeño piloto. Clara sabía que con este piloto se lo jugaba todo.

Clara, junto con un equipo de cinco personas, fue asignada al proyecto piloto como Scrum Master. Decidieron trabajar en la mejora de una aplicación interna que había sido olvidada durante años. Comenzaron con una «reunión de planificación de sprint», donde discutieron qué podían lograr en las próximas dos semanas.

Dividieron el trabajo en «historias de usuario», pequeños segmentos de trabajo que debían completarse durante ese sprint.

El primer día, todo el equipo estaba nervioso. Nunca habían trabajado de esta manera y sabían lo que se jugaban. Sin embargo, Clara les guio con confianza. Cada mañana se reunían en una ventana de la oficina para una «daily stand-up», donde discutían sus avances y cualquier obstáculo que enfrentaban. Para sorpresa de todos, las reuniones fueron rápidas y productivas. Los compañeros lo estaban poniendo fácil.

Pronto, el equipo comenzó a experimentar algo extraordinario: fluidez. Los problemas que solían llevar semanas en resolverse ahora salían en cuestión de días. La aplicación empezó a tomar forma más rápidamente de lo que nadie había imaginado. En lugar de sentirse agotados al final de cada día, los miembros del equipo de sentían motivados y orgullosos de lo que estaban logrando.

Después de dos semanas, llegó el «Demo Day». El equipo presentó su trabajo ante Arturo y el resto de la empresa. Todos esperaban que la presentación fuera un pequeño avance, pero lo que vieron los dejó sin palabras. No solo habían mejorado la aplicación, sino que también habían añadido nuevas características que facilitaban el trabajo diario de muchos empleados.

Arturo se levantó y, por primera vez en mucho tiempo, sonrió. «Esto es… increíble —admitió todavía sorprendido—. ¿Y decís que lo habéis hecho en dos semanas?».

La cultura de la agilidad es un conjunto de valores, creencias y comportamientos que permiten a una organización adaptarse rápidamente a los cambios del entorno, responder con eficiencia a las necesidades del cliente y fomentar la innovación continua. Esta cultura no se basa en procesos rígidos ni jerarquías tradicionales; al contrario, promueve la flexibilidad, la colaboración y el aprendizaje constante.

**Los valores fundamentales de la cultura de agilidad:**

1. **Colaboración Abierta y Transparente.** En una cultura ágil, la colaboración abierta y el intercambio de información son esenciales. Los equipos deben trabajar juntos de manera fluida, compartiendo conocimientos, experiencias y aprendizajes. Esto no solo aumenta la eficiencia, sino que también fomenta una mayor innovación al reunir diferentes perspectivas y habilidades.

2. **Orientación al Cliente.** Centrarse en el cliente está en el corazón de la agilidad. Las organizaciones ágiles están obsesionadas con entender y satisfacer las necesidades de sus clientes. Esto implica estar siempre atentos al feedback del cliente y ser capaces de adaptarse rápidamente para mejorar productos y servicios.

3. **Mentalidad de Crecimiento y Aprendizaje Continuo.** La agilidad se basa en la idea de que siempre hay espacio para mejorar. Las organizaciones ágiles fomentan una mentalidad de crecimiento donde los errores se ven como oportunidades para aprender y mejorar, no como fracasos.

4. **Empoderamiento y Autonomía.** Una cultura de agilidad empodera a los empleados para que tomen decisiones y actúen rápidamente sin necesidad de una supervisión constante. Esta autonomía fomenta un sentido de propiedad y responsabilidad que motiva a los equipos a entregar resultados de alta calidad.

Transformar una organización tradicional en una organización ágil no es una tarea sencilla, más bien parece super difícil. En ocasiones, hay mucha resistencia a ello (siempre aparecen los abogados/as del diablo). Requiere un cambio profundo en la forma de pensar y actuar de todos los niveles de la organización, desde la alta dirección hasta los empleados de primera línea. Las estructuras jerárquicas tradicionales y los silos departamentales deben ser repensados y cuestionados para crear un entorno donde la comunicación abierta y la colaboración sean la norma. Este tipo de cambio cultural puede ser incómodo y desafiante, pero es esencial para la agilidad. Aquí muchas organizaciones acaban volviendo atrás y no mantienen la ilusión por el cambio.

La transformación hacia una cultura de agilidad comienza en el equipo de dirección. Los líderes juegan un papel crucial en modelar los valores y comportamientos que desean ver en sus equipos. El liderazgo ágil no se trata solo de dirigir o controlar, se trata de inspirar, empoderar y guiar a los equipos hacia una visión compartida. Los líderes ágiles fomentan un ambiente donde el cambio es bienvenido, los errores se ven como oportunidades de aprendizaje y cada miembro del equipo se siente valorado y escuchado.

**Características de un Líder Ágil:**

1. **Visión y Claridad.** Los líderes ágiles tienen una visión clara del futuro y pueden comunicarla con claridad a sus equipos. Esta visión proporciona un sentido de propósito y dirección que guía a la organización incluso en tiempos de incertidumbre.

2. **Humildad y Empatía.** En una cultura de agilidad, los líderes no se posicionan por encima de los demás. En cambio, muestran humildad y empatía, reconocen sus propias

limitaciones y valoran las contribuciones de todos. Están dispuestos a escuchar, aprender y adaptarse junto con sus equipos.

3. **Facilitadores del Cambio.** Los líderes ágiles son facilitadores del cambio. Crean un entorno que incentiva la innovación y la experimentación, y eliminan barreras que puedan impedir la agilidad. Fomentan un entorno de trabajo seguro donde los empleados se sienten cómodos desafiando el statu quo.

4. **Fomento del Aprendizaje y la Experimentación.** Los líderes ágiles promueven una cultura de aprendizaje continuo y experimentación. Entienden que, para innovar, los equipos deben tener la libertad de probar cosas nuevas, cometer errores y aprender de ellos sin miedo a represalias.

Un ejemplo icónico de liderazgo ágil es Satya Nadella, CEO de Microsoft. Bajo su liderazgo, Microsoft experimentó una transformación cultural significativa hacia una mentalidad de crecimiento. Nadella promovió la idea de que los empleados deben ser curiosos y valientes, impulsando una cultura que valora el aprendizaje continuo, la colaboración y la experimentación. Esta transformación cultural permitió a Microsoft innovar más rápidamente, colaborar de manera más eficaz y, finalmente, recuperar su posición como una de las empresas tecnológicas más valiosas del mundo.

La transformación hacia una cultura de agilidad también implica el uso de herramientas y prácticas que faciliten la agilidad organizacional. Aunque la cultura es el aspecto crucial, las herramientas adecuadas pueden ayudar a reforzar los valores y comportamientos ágiles.

**Principales herramientas y prácticas para ganar agilidad:**

1. **Retrospectivas y feedback continuo.** Las retrospectivas son una práctica clave en la agilidad (en **Agile Institute** creamos una formación de dos días para darle impulso) que permite a los equipos reflexionar sobre su trabajo reciente y discutir abiertamente qué funcionó y qué no. Este feedback continuo fomenta una cultura de mejora constante y adaptación.

2. **Kanban y tableros visuales.** Los tableros Kanban y otras herramientas visuales ayudan a los equipos a gestionar su trabajo de manera más eficiente, pero, sobre todo, a hacer transparente el trabajo sin muchas reuniones. Lo que podría verse como sacar la basurilla de debajo de la alfombra. Proporcionan una vista clara del flujo de trabajo, identifican cuellos de botella y promueven una mejor colaboración entre los miembros del equipo.

3. **Scrum y metodologías ágiles.** Scrum es una de las metodologías ágiles más utilizadas que fomenta la entrega incremental de valor a través de ciclos de trabajo cortos y regulares llamados «sprints». Aunque Scrum es solo una herramienta, su uso puede ayudar a las organizaciones a desarrollar una cultura de entrega continua y adaptación.

4. **Plataformas de colaboración digital.** En una era de trabajo remoto y equipos distribuidos, las plataformas de colaboración digital como Slack, Planner, Mural, Microsoft Teams o Trello juegan un papel vital en mantener la comunicación abierta y la colaboración eficiente. Estas herramientas permiten a los equipos compartir información, colaborar en tiempo real y mantenerse alineados, independientemente de su ubicación.

El uso de estas herramientas y prácticas debe integrarse cuidadosamente en la cultura organizacional preexistente. No se trata simplemente de implementar nuevas metodologías o plataformas, sino de cambiar la forma en que las personas trabajan juntas y toman decisiones. Para ser realmente eficaces, estas herramientas deben utilizarse de manera que refuercen los valores culturales de la agilidad, como la colaboración, la transparencia y la mejora continua.

Si bien la transformación hacia una cultura de agilidad ofrece muchos beneficios, también presenta una serie de desafíos. Estos retos pueden variar según el tamaño de la organización, su industria y la madurez de su cultura actual. Sin embargo, hay algunos desafíos comunes que la mayoría de las organizaciones enfrentan al intentar fomentar una cultura ágil.

**Los principales desafíos comunes en la transformación hacia una Cultura Ágil:**

1. **Resistencia al cambio.** Es uno de los mayores desafíos en cualquier transformación cultural. Los empleados, especialmente aquellos que han trabajado en la organización durante muchos años, pueden ser reacios a adoptar nuevas formas de trabajar. Los mandos intermedios también pueden tener sensación de perder poder y es una de las resistencias más difíciles de vencer. Esta resistencia puede deberse a una falta de comprensión de los beneficios de la agilidad, miedo a lo desconocido o simplemente una preferencia por las prácticas establecidas.

2. **Burocracia y estructuras rígidas.** Muchas organizaciones tienen estructuras jerárquicas rígidas y procesos burocráticos que pueden dificultar la agilidad. Desmantelar

estos sistemas y reemplazarlos por estructuras más flexibles y empoderadas puede ser un desafío significativo.

3. **Liderazgo no comprometido.** Sin el apoyo del liderazgo, cualquier intento de transformación cultural está condenado al fracaso. La alta dirección han de estar completamente comprometidos con el cambio hacia una cultura ágil y ser ejemplos de los comportamientos ágiles que desean ver en sus equipos.

4. **Falta de medición y seguimiento del progreso.** La transformación cultural es un proceso continuo que requiere medición y seguimiento constantes. Las organizaciones que no establecen métricas claras para evaluar su progreso hacia la agilidad pueden tener dificultades para mantener el impulso y asegurar que el cambio esté ocurriendo de verdad.

5. **Reto alto o muy alto.** El reto de los cambios que estamos viviendo muy alto. Por ese motivo, las organizaciones han de dotar además de herramientas y metodologías de competencias a los líderes y a las personas de los equipos para que puedan reducir el estrés que les genera la incertidumbre y el cambio. Los objetivos y metas han de ser alcanzables para mantener el compromiso alto.

Superar estos desafíos requiere un enfoque estratégico y una planificación cuidadosa. La comunicación clara y constante sobre los beneficios de la agilidad y cómo se verá el éxito puede ayudar a reducir la resistencia al cambio. Involucrar a los empleados en el proceso de transformación desde el principio también puede aumentar su compromiso y propiedad del cambio.

Para superar las barreras burocráticas y estructurales, las organizaciones deben estar dispuestas a hacer cambios audaces en su diseño organizacional. Esto podría incluir la eliminación de capas jerárquicas innecesarias, la reestructuración de equipos para fomentar la colaboración y la experimentación, y la implementación de nuevos procesos que promuevan la rapidez y la flexibilidad.

Finalmente, los líderes deben desempeñar un papel activo en la transformación cultural. Deben modelar los comportamientos ágiles, comunicar una visión clara y actuar como facilitadores del cambio. Solo con un liderazgo comprometido y alineado puede una organización hacer la transición exitosa hacia una cultura de agilidad.

Cuando se implementa con éxito, una cultura de agilidad puede traer una serie de beneficios significativos a una organización. Desde una mayor capacidad para responder a los cambios del mercado hasta un aumento en la satisfacción y el compromiso de los empleados, los beneficios de una cultura ágil son amplios y profundos.

**Beneficios clave de una cultura de agilidad:**

1. **Mayor Adaptabilidad al cambio.** Una cultura de agilidad permite a las organizaciones adaptarse rápidamente a las condiciones cambiantes del mercado, nuevas oportunidades y desafíos inesperados. Esto reduce el riesgo y aumenta la resiliencia organizacional.

2. **Mejores colaboración y comunicación.** Al romper los silos y fomentar una comunicación abierta, una cultura de agilidad mejora la colaboración entre equipos y departamentos. Esto no solo aumenta la eficiencia, sino

que también fomenta la innovación al aprovechar una gama más amplia de ideas y perspectivas.

3. **Innovación continua.** En una cultura ágil, la innovación no es un evento aislado, es un proceso continuo. Las organizaciones ágiles fomentan la experimentación y el aprendizaje constante, lo que les permite estar a la vanguardia de la innovación en su industria.

4. **Mayor satisfacción del cliente.** Al concentrarse constantemente en las necesidades del cliente y ser capaces de adaptarse rápidamente a sus demandas cambiantes, las organizaciones ágiles pueden ofrecer una mejor experiencia al cliente, lo que se traduce en una mayor lealtad y satisfacción.

5. **Mejora en la moral y el compromiso de los empleados.** Una cultura de agilidad empodera a los empleados, les da un sentido de propiedad y les permite ver el impacto directo de su trabajo. Esto puede conducir a una mayor moral y compromiso, lo que a su vez mejora la retención y el rendimiento general.

## APRENDIZAJES DEL CAPÍTULO

La transformación hacia una cultura de agilidad no es un destino, sino un viaje continuo de aprendizaje, adaptación e innovación.

Las organizaciones que puedan desarrollar y mantener una cultura ágil estarán mejor posicionadas para prosperar.

Para construir una cultura de agilidad, las empresas deben estar dispuestas a desafiar sus propias suposiciones, a empoderar a sus empleados, a fomentar una mentalidad de crecimiento y a liderar con visión y humildad.

Con el compromiso y la dedicación adecuados, cualquier organización puede emprender el viaje hacia la agilidad y cosechar los innumerables beneficios que ello conlleva.

Como toda transformación cultural, este viaje requiere tiempo, esfuerzo y la voluntad de enfrentarse a desafíos. Sin embargo, los beneficios de ser una organización ágil, desde una mayor adaptabilidad y resiliencia hasta una mejor satisfacción del cliente y empleados, hacen que valga la pena cada paso del camino.

Necesitamos **dotar de nuevas competencias** a los profesionales para que puedan abordar estos nuevos retos con voluntad de éxito. Cada conjunto de competencias **(metacompetencias) elevará el valor del talento de la organización** como detallaremos en los capítulos finales del libro.

# Las personas primero

**«Las empresas exitosas son aquellas que entienden que su principal activo es su gente y que, al poner a las personas en el centro de sus decisiones, cultivan un entorno donde el crecimiento y la innovación pueden prosperar».**

Jeffrey Pfeffer.

En mi último trabajo asalariado tuve la oportunidad de participar en un proyecto «People First» que en aquel momento (hace más de 15 años) era por completo disruptivo y muy novedoso. Este me permitió aprender y crecer a partir de la experimentación desde otras ópticas. En ese momento me gustaba decir que mi función como mando intermedio era ayudar (el componente humanista me viene de serie).

En los últimos años hemos visto un cambio significativo en cómo las organizaciones abordan la gestión del talento. Lo que antes se centraba exclusivamente en la maximización de la eficiencia y el cumplimiento de objetivos numéricos, ahora está evolucionando hacia una visión más centrada en las personas. Las empresas que desean ser ágiles, innovadoras y sostenibles a lo largo del tiempo están empezando a darse cuenta de que sus empleados no son simplemente recursos (aunque el nombre del departamento no acaba de desaparecer), sino seres humanos con necesidades, aspiraciones y, sobre todo, con un enorme potencial por desarrollar.

La estrategia de poner a las personas en el centro se fundamenta en la creencia (que en mi caso comparto) de que cuando los empleados se sienten valorados, escuchados y apoyados, están más motivados, comprometidos y dispuestos a contribuir al éxito de la organización. Esta idea puede parecer obvia, pero no siempre ha sido la norma. En muchas organizaciones, las personas han sido tratadas más como engranajes en una máquina que como individuos únicos con fortalezas y habilidades (competencias) que pueden y deben ser desarrolladas.

La experiencia del empleado es mucho más que un beneficio para retener el talento. Cuando hablamos de poner a las personas en el centro, no nos referimos únicamente a ofrecer beneficios atractivos o a tener una sala de juegos en la oficina u ofrecer fruta. Se trata de crear una experiencia del empleado que sea significativa, enriquecedora y que fomente un sentido de pertenencia. Esto comienza con entender a los empleados como individuos y no solo como empleados. Por ejemplo, imaginemos una empresa que reconoce que sus trabajadores tienen responsabilidades fuera del trabajo, como familias que cuidar o pasiones personales que desean perseguir. En lugar de exigir que los empleados dejen estos aspectos de su vida en la puerta al llegar al trabajo, esta empresa crea políticas que permiten la flexibilidad y el equilibrio entre la vida laboral y personal.

Tomemos el caso de una empresa tecnológica e innovadora que decidió transformar su filosofía de gestión. En lugar de imponer horarios rígidos, implementó un sistema de trabajo flexible que permite a los empleados decidir cuándo y dónde trabajar. Esto no solo mejoró el bienestar general de los empleados, sino que también aumentó sensiblemente la productividad y la satisfacción laboral. Al sentirse más en control de su tiempo y más valorados por la organización, los empleados comenzaron a aportar ideas más creativas y a trabajar de manera más colaborativa. Este es un ejemplo claro de cómo una experiencia de empleado positiva puede beneficiar tanto a las personas como a la organización.

El desarrollo de competencias de las personas y la formación ha de adoptar un punto de vista personalizado y sistémico. Esta es una pieza clave en la estrategia de poner a las personas en el centro es el desarrollo competencial y el fomento de las fortalezas individuales. No se trata solo de entrenar a las personas para que hagan mejor su trabajo actual, sino de ayudarlas a desarrollar sus habilidades y descubrir sus fortalezas únicas. En una cultura de organización que prioriza a las personas, se entiende que cada empleado tiene talentos únicos que pueden ser potenciados y que contribuirán no solo a su crecimiento personal, sino también al éxito de la organización y que, además, en su proceso de aprendizaje, descubrirá y desarrollará nuevos talentos. Hace cinco años no hacía formación y he descubierto que me encanta. Espero que mis competencias para desarrollar a otros estén creciendo.

Consideremos a Marta, una joven profesional que comenzó su carrera en una empresa de marketing digital. Aunque su puesto inicial era en el área de análisis de datos, durante una serie de reuniones, sus superiores notaron que tenía un don natural para la comunicación y la narrativa visual. En lugar de mantenerla en su puesto original, decidieron brindarle la oportunidad de liderar proyectos creativos. Marta no solo creció en su nuevo rol, sino que también desarrolló habilidades adicionales que la convirtieron en una pieza clave dentro del equipo.

Este ejemplo subraya la importancia de observar y entender las capacidades individuales de cada empleado y darles la oportunidad de desarrollarse en áreas donde puedan ser excepcionales. Poner a las personas en el centro también significa ayudarlas a encontrar un sentido y propósito en su trabajo diario. Las investigaciones de los padres de la mal llamada psicología positiva (Martín Seligman, Daniel Goleman y Mihaly Csikszentmihalyi) han demostrado que cuando las personas sienten que su trabajo tiene un propósito, están más comprometidas y son más productivas. Este propósito no siempre tiene que ser algo monumental como salvar el planeta. A veces, puede ser tan simple como ayudar a otros, mejorar la vida de las personas a través de un producto o servicio, o contribuir a un equipo en el que se sienten valorados y respetados. Os recomiendo el libro *Ikigai, los secretos de Japón para una vida larga y feliz*, de Héctor García y Francesc Miralles. El libro explora el concepto japonés de ikigai, que se traduce como «razón de ser». El libro revela cómo encontrar tu ikigai, una combinación de lo que amas, en lo que eres bueno, lo que el mundo necesita, y por lo que pueden pagarte para vivir una vida equilibrada y llena de propósito. Además, comparte secretos y hábitos de las personas más longevas del mundo en Okinawa, Japón.

Imaginemos a Javier, un ingeniero en una empresa de energías renovables. Para él, trabajar en esta industria no es solo un trabajo; es una misión personal para ayudar a combatir el cambio climático. Su empresa reconoce esto y, en lugar de centrarse únicamente en los resultados financieros, también mide su éxito en términos de impacto ambiental. Esta alineación entre los valores personales de Javier y los de la empresa no solo lo motiva a hacer su mejor trabajo, sino que también lo convierte en un apasionado defensor de la empresa fuera del horario laboral.

Construyamos culturas coherentes si necesitas atraer talento y compromiso. Una organización que pone a las personas en el centro gestiona y lidera por valores. Esto significa que las decisiones no se toman únicamente en función de métricas o beneficios a corto plazo, sino basándose en un conjunto de valores compartidos que guían el comportamiento de todos sus miembros, desde el nivel ejecutivo hasta el personal de entrada.

Un ejemplo inspirador es el de una organización de salud que decidió redefinir su cultura corporativa basándose en el valor del «cuidado». Este valor no solo se aplicó al trato con los pacientes, sino también al trato entre los empleados. En lugar de simplemente hablar de cuidado, la empresa implementó políticas que fomentaban la empatía y el apoyo mutuo. Por ejemplo, establecieron programas de mentoría donde los empleados con más experiencia guiaban a los nuevos, y crearon espacios donde todos podían compartir sus preocupaciones y buscar ayuda. Como resultado, no solo mejoró la moral del equipo, sino que también se observó un incremento en la calidad del servicio al paciente. Esto demuestra que cuando los valores no solo se mencionan, sino que se viven, la organización se fortalece y se vuelve más resiliente ante los desafíos. Me he encontrado con muchos ejemplos que no mencionaré de organizaciones que declaran sus valores y hacen grandes campañas de marketing digital, pero no predican con el ejemplo, lo que ocasiona el efecto contrario y altos niveles de rotación.

Ultimo ejemplo del capítulo, pensemos en una empresa que, después de años de crecimiento rápido pero desorganizado, decide reevaluar su filosofía. Se da cuenta que, para mantenerse competitivos en un mercado cambiante, necesitaban, no solo mejorar sus productos, sino también invertir en su gente. Empezaron a ofrecer más oportunidades de desarrollo profesional, fomentaron un ambiente de trabajo colaborativo y dieron a los empleados más autonomía y responsabilidad. Al cabo de unos años, no solo vieron una mejora en sus resultados financieros, sino también en la satisfacción y compromiso de los empleados y clientes. ¿Qué hubiera pasado si se hubiera elevado los niveles de control y burocracia para mejorar la organización?

En un mundo cada vez más competitivo y cambiante, poner a las personas en el centro ya no es una opción, es una necesidad. Las organizaciones que comprenden esto y actúan en consecuencia no solo tendrán empleados más felices y comprometidos, sino que también estarán mejor posicionadas para enfrentar los desafíos del futuro. Al final, una organización es tan buena como su gente. Invertir en las personas, entender sus necesidades, fomentar sus fortalezas y guiarlos hacia un propósito mayor, no solo es lo correcto, sino también lo más inteligente que una empresa puede hacer.

**Dirección por Valores (Management by Values, MBV)** es un tipo de gestión que enfatiza la alineación de la estrategia organizacional y la toma de decisiones con los valores fundamentales de la organización. Este enfoque busca integrar los valores éticos y culturales en todas las prácticas de gestión y en la cultura organizativa, promoviendo un ambiente de trabajo donde los empleados estén motivados no solo por objetivos y metas, sino también por un sentido compartido de propósito y valores.

## APRENDIZAJES DEL CAPÍTULO

Poner a las personas en el centro no es solo un eslogan o una estrategia de relaciones públicas. Es una forma de transformar la manera en que las organizaciones operan y, más importante aún, cómo se perciben a sí mismas y a su gente. Requiere un compromiso genuino por parte del liderazgo para invertir en las personas, no solo como empleados, sino como seres humanos completos con sueños, aspiraciones y un potencial sin explotar.

Poner a las personas en el centro requiere cambios estructurales como la creación de programas de desarrollo profesional personalizados, la promoción de una comunicación abierta y sincera, y el establecimiento de una cultura que celebre las diferencias individuales y valore la diversidad.
Los beneficios son claros: las organizaciones que priorizan a las personas se vuelven más innovadoras, más adaptables y, en última instancia, más exitosas.

Una estrategia centrada en las personas puede transformar una organización de adentro hacia afuera. Al valorar la experiencia del empleado, fomentar el desarrollo competencial, reconocer las fortalezas individuales, proporcionar un sentido de propósito y liderar por valores, las organizaciones pueden crear culturas sólidas y resilientes que beneficien tanto a sus empleados como a su éxito a largo plazo.

El desafío está lanzado: ¿Estamos preparados para poner a las personas en el centro y construir juntos un futuro más brillante?

**LIBROS RECOMENDADOS**

**Managing by Values: A Corporate Guide to Living, Being Alive, and Making a Living in the 21st Century**, de Ken Blanchard y Michael O'Connor.

Este libro es una de las referencias más conocidas en el campo de la dirección por valores. Blanchard y O'Connor argumentan que las organizaciones deben gestionarse no solo por objetivos o por tareas, sino también por valores. Presentan un punto de vista práctico para identificar, articular y vivir los valores dentro de la organización, enfatizando cómo los valores pueden guiar la toma de decisiones y fomentar una cultura organizativa positiva.

**Dirección por Valores**, de Salvador García, Joan Martín y Jesús Alcoba. Este libro explora cómo las organizaciones pueden desarrollar y mantener una cultura basada en valores que fomenten la ética, el compromiso y la responsabilidad. Los autores proporcionan un marco para implementar la dirección por valores en organizaciones con un objetivo de sostenibilidad y mejora continua.

**Managing by Values**, de Simon Dolan.

Se centra en la idea de que las organizaciones deben ser guiadas, no solo por objetivos financieros o estratégicos, sino también por un conjunto claro de valores que reflejen la misión y visión de la empresa.

# MODELO METACOMPETENCIAL DE LA AGILIDAD

# Enfoque competencial de la agilidad

«La gestión por competencias es, en última instancia, una gestión por personas. Y en esa gestión, cada uno tiene un papel que desempeñar.

Al final, no se trata solo de lo que hacemos, sino de cómo lo hacemos y quiénes somos en el proceso. ¿No es eso lo que de verdad importa?».

Martha Alles.

«Las competencias no son solo palabras bonitas en una descripción de puesto; son el alma que impulsa a una organización hacia adelante», dice Martha Alles en uno de su conocido diccionario de competencias. Cuando me encontré con esta frase, me detuve un momento a reflexionar. ¿Con cuanta frecuencia hablamos sobre competencias en reuniones, talleres y sesiones en nuestras empresas?, reflexioné. Y, sobre todo pensé, ¿de verdad entendemos su impacto en la vida diaria de una empresa?

Recuerdo a Lucía, una joven analista de recursos humanos en una multinacional con sede en Barcelona. Lucía era diligente, rápida para aprender y siempre dispuesta a asumir más responsabilidades. Sin embargo, se encontraba constantemente frustrada porque, a pesar de su dedicación, parecía que su progreso dentro de la empresa se había estancado. «No entiendo

—me confesó una vez durante un café—. Hago mi trabajo y lo hago bien. ¿Por qué no avanzo?».

Lucía es un caso clásico de un profesional talentoso atrapado en el laberinto de las competencias no reconocidas. En una empresa moderna, ya no es suficiente hacer bien el trabajo. Las competencias, como lo explica Alles, son las habilidades blandas y duras que permiten a un individuo, no solo cumplir con las expectativas de su rol, sino también contribuir de manera más determinante al propósito y al éxito global de la organización.

**Entender las competencias clave.**

Hay dos tipos de competencias: las competencias blandas o comportamentales y las competencias duras o técnicas. Las competencias blandas son esas habilidades relacionadas con la forma en que interactuamos con los demás, cómo resolvemos problemas y cómo manejamos nuestra propia conducta en el entorno laboral. Las competencias duras, por otro lado, son las habilidades específicas requeridas para desempeñar un trabajo, como el dominio de un software particular o el conocimiento en finanzas corporativas.

Volvamos a Lucía. Ella había dominado todas las competencias duras necesarias para su puesto. Conocía cada herramienta de gestión de recursos humanos que la empresa utilizaba y tenía una comprensión profunda de las políticas y procedimientos internos. Pero había un área donde Lucía no había puesto suficiente atención: las competencias blandas. Su capacidad para trabajar en equipo, influenciar sin autoridad y manejar conflictos aún necesitaba desarrollo.

Recuerdo una anécdota que compartió conmigo. Un día, durante una reunión con varios departamentos para discutir una nueva política de contratación, Lucía presentó sus ideas de manera brillante, pero sin tener en cuenta las opiniones de sus colegas de otras áreas. «Pensé que estaba haciendo lo correcto. Sabía que mi propuesta era sólida, pero no logré que nadie me apoyara». Aquí es donde las competencias blandas juegan un papel crucial. Las competencias blandas son a menudo el factor decisivo entre un líder que solo dirige y uno que de verdad inspira.

**De la teoría a la práctica. Competencias en el mundo real.**

Implementar un modelo de competencias en una empresa puede ser un desafío, pero también es un ejercicio transformador. Tomemos el ejemplo de Carlos, un gerente de ventas en una empresa de tecnología en expansión. Carlos entendió muy bien la importancia de las competencias. Después de asistir a una ponencia sobre la gestión basada en competencias, decidió mapear las competencias propias de su equipo de ventas.

Carlos identificó que, aunque su equipo tenía un conocimiento técnico impresionante sobre los productos, carecían de habilidades de negociación y construcción de relaciones con los clientes. «Nos centramos tanto en los detalles técnicos —me dijo una vez—, que olvidamos que al final estamos aquí para resolver problemas para la gente. Necesitamos ser mejores para escuchar y responder a las necesidades del cliente».

Así que Carlos tomó una decisión estratégica. Introdujo una serie de talleres y capacitaciones centradas en el desarrollo de competencias blandas como la empatía, la comunicación eficaz y la negociación. En pocos meses, los resultados fueron evidentes. No solo aumentaron las ventas, sino que la satisfacción del cliente también mejoró notablemente. «Nos dimos cuenta de que nuestras competencias no eran solo habilidades de ventas. Eran habilidades humanas».

Pero las competencias no son solo para los equipos o para la organización en su conjunto. Son, en última instancia, una cuestión personal. Sara, una colega que trabaja en el desarrollo de talentos, tenía una historia que siempre me gustaba escuchar. Marta era conocida por su habilidad para construir relaciones en la oficina, pero al principio de su carrera, esto no fue tan evidente.

«Cuando empecé, pensé que el trabajo era solo hacer tareas —dijo una vez en un taller—. Pero pronto me di cuenta de que, sin relaciones sólidas, sin la habilidad para comunicarme con precisión y sin entender cómo motivar a otros, estaba limitada. Así que empecé a trabajar en mis competencias blandas. Tomé cursos de comunicación, leí sobre inteligencia emocional y busqué retroalimentación constantemente. Fue un viaje largo, pero valió la pena».

Sara es un claro ejemplo de cómo el desarrollo de competencias puede transformar no solo la carrera de una persona, sino también su vida. Las organizaciones deben proporcionar herramientas y recursos para ayudar a los empleados a desarrollar sus competencias, pero el desarrollo de competencias es, en gran medida, una responsabilidad personal.

Las competencias son el motor que impulsa el crecimiento, tanto a nivel individual como organizativo. Empresas que han adoptado modelos de gestión por competencias han visto mejoras importantes no solo en la productividad, sino también en la satisfacción y compromiso de sus empleados.

En mi experiencia, las empresas más exitosas son aquellas que no solo identifican competencias clave para cada rol, sino que también invierten en el desarrollo continuo de esas competencias en todos los niveles de la organización. Así como Lucía, Carlos y Marta descubrieron, el verdadero valor de las competencias no está solo en poseerlas, sino en cultivarlas, aplicarlas y compartirlas. Y es aquí donde radica la magia de una organización verdaderamente exitosa: en la alineación de las habilidades individuales con un propósito común, guiados por valores y competencias que impulsan tanto al individuo como a la organización hacia un futuro brillante.

**Metacompetencias: Más allá de las habilidades tradicionales.**

En el mundo acelerado de hoy, donde las industrias cambian más rápido de lo que podemos seguir, y las tecnologías emergentes hacen obsoletas las habilidades de ayer, surge un nuevo concepto clave en la gestión del talento: las **metacompetencias**.

Las metacompetencias son esas habilidades superiores que trascienden las competencias técnicas y blandas y que permiten a los individuos adaptarse, aprender y evolucionar en cualquier entorno.

¿Qué son exactamente las metacompetencias y por qué son tan importantes para las organizaciones de hoy?

Imaginemos a Sofía, una directora de innovación en una reconocida empresa de software. Sofía es brillante, con un conocimiento técnico profundo y una capacidad increíble para gestionar equipos diversos. Sin embargo, lo que en realidad distingue a Sofía no es solo su experiencia técnica o sus habilidades de gestión de proyectos, es su capacidad para **aprender rápidamente**, **adaptarse** a nuevas circunstancias y **liderar con agilidad** en un entorno en constante cambio.

Las metacompetencias son aquellas habilidades universales que permiten a los individuos navegar con eficacia a través de diferentes roles, desafíos y contextos. Son competencias superiores que incluyen un conjunto de competencias y no se limitan a habilidades como, por ejemplo, el **pensamiento crítico**, la **inteligencia emocional**, la **adaptabilidad** o la **capacidad de aprendizaje continuo**. Estas metacompetencias son las que marcan la diferencia por ejemplo entre un buen empleado y un líder innovador.

Pensemos en la historia de Daniel, un analista de mercado en una empresa de bienes de consumo que, a pesar de ser joven, ha escalado rápidamente en las filas de la organización. Daniel no solo es competente en su análisis de datos y conocimiento del mercado, sino que ha demostrado una capacidad notable para anticipar cambios en las tendencias del consumidor y adaptarse rápidamente a ellas. En una reunión reciente, cuando se discutía una caída inesperada en las ventas, Daniel no solo presentó datos que explicaban la situación, sino que también sugirió una nueva estrategia basada en el análisis de patrones emergentes en la competencia.

«¿Cómo pudiste prever esto tan rápido?», le preguntó su jefe, impresionado por su perspicacia. Daniel se limitó a sonreír y respondió: «Siempre estoy aprendiendo y buscando patrones en lo inesperado». Esta filosofía de aprendizaje continuo y adaptabilidad es un ejemplo clásico de metacompetencia en acción. Daniel no solo posee habilidades técnicas; tiene una habilidad innata para **aprender y adaptarse**, que es exactamente lo que Martha Alles resalta como esencial en un mundo de cambios constantes.

Quiero compartir contigo también la historia de Laura, una directora de recursos humanos en una empresa tecnológica en Madrid. Laura había trabajado durante años en el departamento de recursos humanos, centrándose principalmente en el reclutamiento y la capacitación. Sin embargo, cuando la pandemia golpeó y la empresa tuvo que adaptarse rápidamente al trabajo remoto, Laura se encontró en una situación completamente nueva. «Sentí que todo lo que había aprendido hasta ese momento era irrelevante —me confesó un día—. Tuve que aprender a manejar equipos remotos, a mantener la moral y el compromiso, todo desde la distancia».

Pero Laura no se rindió. En lugar de sentirse abrumada por los cambios, se apoyó en sus metacompetencias: su capacidad para **aprender rápidamente** y su **resiliencia** frente a los desafíos. Empezó a investigar sobre las mejores prácticas para gestionar equipos remotos, asistió a seminarios y se sumergió en la lectura de artículos y libros sobre el tema. En unos meses, Laura no solo había adaptado con éxito las prácticas de recursos humanos de su empresa al entorno remoto, sino que también había desarrollado nuevas estrategias para mantener a los empleados comprometidos y productivos.

«Entendí que no se trataba solo de lo que sabía, sino de mi capacidad para identificar lo que necesitaba saber», dijo Laura con una sonrisa. Este tipo de mentalidad de crecimiento es exactamente lo que Alles señala como una metacompetencia crítica para el éxito en la era moderna.

Las organizaciones que buscan sobrevivir y prosperar en el futuro deben centrarse en desarrollar no solo competencias específicas del trabajo, sino también estas competencias superiores. Pero ¿cómo se desarrollan estas habilidades?

1. **Fomentar una cultura de aprendizaje continuo**. Las organizaciones deben crear entornos donde el aprendizaje continuo sea no solo alentado, sino también recompensado. Esto puede incluir proporcionar acceso a programas de capacitación, fomentar la participación en

conferencias y eventos de la industria o incluso simplemente animar a los empleados a leer y compartir sus conocimientos.

2. **Promover la autonomía y la toma de decisiones**. Las metacompetencias se desarrollan mejor en entornos donde los empleados tienen la libertad de tomar decisiones y aprender de sus errores. Dar a los empleados la responsabilidad y el espacio para innovar y experimentar puede fomentar la creatividad, el pensamiento crítico y la adaptabilidad.

3. **Feedback constructivo continuo**. Proporcionar retroalimentación regular y constructiva es esencial para ayudar a los empleados a desarrollar metacompetencias. Esta retroalimentación debe centrarse no solo en lo que el empleado está haciendo bien, sino también en cómo pueden mejorar en áreas clave como la resolución de problemas, la comunicación y el liderazgo.

4. **Modelar el comportamiento a nivel de Liderazgo**. Los líderes deben modelar las metacompetencias que desean ver en sus equipos. Esto significa ser transparentes sobre sus propios procesos de aprendizaje, admitir errores y mostrar cómo se adaptan y evolucionan en respuesta a los desafíos.

## Metacompetencias: la clave para la agilidad

Las competencias pueden llevarte hasta cierto punto, pero las metacompetencias te llevarán más allá.

Si miramos a las empresas más exitosas de hoy, veremos que todas ellas tienen algo en común: líderes que no solo son competentes en sus campos, sino que también poseen una profunda habilidad para navegar la incertidumbre y liderar con agilidad. Esto no es una coincidencia, es el resultado de invertir en el desarrollo de metacompetencias a todos los niveles de la organización.

En última instancia, el modelo de metacompetencias que estamos desarrollando en **Agile Institute** son las habilidades que permiten a los individuos, además de sobrevivir, prosperar en un mundo de cambios constantes. Y es nuestra responsabilidad como líderes y profesionales de recursos humanos, asegurarnos de que nuestras organizaciones estén llenas de personas que sepan lo que están haciendo y que también sepan cómo adaptarse, aprender y liderar en cualquier circunstancia. Tal vez entonces estaremos verdaderamente preparados para el futuro del trabajo.

En la página siguiente descubrirás el modelo **de metacompetencias Ágiles (MCA)** registrado por **Agile Institute** en modalidad tabla dinámica de los elementos.

El modelo de metacompetencias Ágiles (MCA) de **Agile Institute** será el vehículo ideal para lograr la transformación cultural de la organización.

El cuadro se compone de doce metacompetencias que impactan en la Agilidad Empresarial de manera transversal. Es donde nos gustaría llegar para ser y hacer ágil la organización.

Las doce metacompetencias para desarrollar el talento ágil en tu organización son las siguientes:

1. Inteligencia emocional.
2. Predisposición al cambio.
3. Orientación al cliente.
4. Innovación.
5. Pensamiento sistémico.
6. Gestión del conocimiento.
7. Decisiones basadas en datos.
8. Calidad relacional.
9. Competencias técnicas.
10. Comunicación eficiente.
11. Liderazgo ágil.
12. Compromiso y bienestar.

Estas metacompetencias son compatibles con el desarrollo competencial actual de la organización en función de sus objetivos y estrategias acordadas.

El sistema de evaluación de cada metacompetencia se basa en la evaluación de las experiencias, habilidades, conocimiento técnicos y transversales que impactan en estas metacompetencias. El modelo tiene predefinido los elementos esenciales para su evaluación.

**Las cuatro dimensiones para medir son:**

**1. La persona.**

Este nivel se centra en el desarrollo individual, proporciona las herramientas y habilidades necesarias para que cada persona pueda operar de manera ágil, tanto de forma autónoma como colaborativa.

Objetivos:

- Fomentar una mentalidad orientada al cambio y la mejora continua.

- Promover el compromiso con los valores ágiles en el trabajo individual y grupal.

- Capacitar a las personas para gestionar su tiempo y dar recursos de manera eficiente en entornos dinámicos.

Indicadores de éxito:

- Capacidad para integrarse y colaborar eficazmente en equipos ágiles.

- Flexibilidad ante cambios y desafíos.

- Contribución al desarrollo de soluciones innovadoras.

**2. Los líderes.**

En este nivel se trabaja en el desarrollo de habilidades que permiten a los líderes facilitar, inspirar y guiar a sus equipos hacia el cumplimiento de objetivos ágiles.

Objetivos:

- Transformar el liderazgo tradicional en un liderazgo de servicio.

- Desarrollar la habilidad de habilitar y empoderar a los equipos.

- Fomentar la comunicación abierta y la retroalimentación constante.

Indicadores de éxito:

- Equipos motivados y con alto desempeño.

- Creación de un entorno de confianza y colaboración.

- Implementación exitosa de prácticas ágiles en proyectos liderados.

**3. Los equipos.**

Este nivel busca desarrollar la capacidad de los equipos para trabajar de manera cohesiva, eficiente y alineada con los valores ágiles.

Objetivos:

- Fomentar una cultura de colaboración y autoorganización.

- Promover la claridad en la definición de roles y objetivos.

- Establecer prácticas de mejora continua y aprendizaje colectivo.

Indicadores de éxito:

- Resultados consistentes y de alta calidad.

- Resolución de conflictos de manera autónoma y efectiva.

- Equipos resilientes y proactivos ante desafíos.

**4. La organización.**

El enfoque a nivel organizacional busca implementar un cambio sistémico que permita que toda la organización opere bajo principios ágiles.

Objetivos:

- Alinear la estrategia, los procesos y la cultura organizacional con la mentalidad ágil.

- Promover la transparencia, la experimentación y la adaptabilidad a todos los niveles.

- Eliminar barreras jerárquicas y silos funcionales.

Indicadores de éxito:

- Organización que aprende y evoluciona de manera continua.

- Mayor velocidad y eficiencia en la entrega de valor a los clientes.

- Altos niveles de satisfacción entre empleados y clientes.

Las principales ventajas de implantar el sistema aspiracional MCA son las siguientes:

1. Alinea la estrategia con los objetivos.
2. Reconoce las competencias actuales de las personas de la organización.
3. Alinea bienestar, desarrollo y productividad.
4. Eleva la comunicación y la colaboración.
5. Facilita la toma decisión basada en datos.
6. Reduce la resistencia al cambio.
7. Impacta positivamente en el liderazgo transformador ágil.
8. Fomenta la innovación y la mejora continua.
9. Se puede implementar en menos de un año.
10. Genera un alto nivel de compromiso con la agilidad y la organización.

## APRENDIZAJES DEL CAPÍTULO

El modelo de **MCA (metacompetencias ágiles)** de Agile Institute tiene múltiples ventajas para agilizar las organizaciones.

Con este nuevo modelo operativo las personas dejan de estar definidas por sus puestos de trabajo y son vistas como individuos completos con habilidades y capacidades que se pueden desarrollar con fluidez.

Es un modelo que incluye habilidades, competencias transversales y técnicas. Ello crea un entorno donde las personas puedan responder rápidamente a los cambios del mercado o del entorno empresarial, lo que reduce la resistencia y eleva el bienestar.

Promueve la autonomía de la persona y la toma de decisiones con sistemas de aprendizaje continuo y feedback.

Al centrarse en el desarrollo de estas habilidades superiores, las organizaciones pueden gestionar el cambio de manera más eficiente y, además, posicionarse para el éxito a largo plazo.

Permite liberar el trabajo de los silos de los puestos y los departamentos para reorganizar de manera más fluida.

Construir un centro de competencias, un motor de datos que mida la capacidad de adaptación del talento y tomar así decisiones adecuadas.

Es el primer modelo de transformación ágil basado en metacompetencias en el mundo corporativo.

Las organizaciones basadas en metacompetencias ágiles entienden que la tecnología cada vez es más compleja. Por ello, para afrontar la transformación digital el desarrollo y el aprendizaje, han de ser los ejes de la agilidad y el cambio.

# INTELIGENCIA EMOCIONAL

Había una vez un viento y un sol que discutían sobre cuál de los dos era más fuerte. Para resolver su disputa, decidieron hacer una competición: ganaría el que consiguiera quitarle la capa a un viajero que caminaba por el camino.

El viento fue el primero en intentarlo. Sopló con todas sus fuerzas, creó ráfagas frías y violentas, tratando con ello arrancar la capa del viajero. Pero cuanto más fuerte soplaba el viento, más se aferraba el hombre a su capa, envolviéndose en ella para protegerse.

Luego llegó el turno del sol. Comenzó a brillar suavemente y a emitir un calor agradable. A medida que el sol calentaba al viajero, este se sintió cada vez más cómodo y relajado. Poco a poco, la temperatura se hizo más cálida y el hombre, sintiéndose a gusto, decidió quitarse la capa voluntariamente.

El sol demostró ser más fuerte que el viento, no por la fuerza bruta, sino por su habilidad para influir positivamente en el estado emocional del viajero.

Esopo, *Fábulas*.

La inteligencia emocional, definida como la capacidad de reconocer, comprender y manejar nuestras propias emociones, así como las de los demás, es una habilidad que permite una mejor toma de decisiones, una mayor resiliencia y una comunicación más eficiente. Estos factores son clave para una organización ágil. Las empresas ágiles necesitan equipos que no solo sean técnicamente competentes, sino que también sean emocionalmente inteligentes. Esto les permite colaborar mejor, manejar conflictos de manera constructiva y mantenerse concentrados incluso en tiempos de incertidumbre.

Un ejemplo clásico de una empresa que ha integrado la inteligencia emocional en su cultura para mejorar su agilidad es Zappos. Esta empresa, famosa por su enfoque centrado en el cliente, ha hecho de la inteligencia emocional una de sus prioridades en la contratación y el desarrollo de empleados. Zappos no solo busca habilidades técnicas, sino que también valora la empatía y la capacidad de los empleados para manejar sus emociones. Esta prioridad ha permitido a Zappos adaptarse rápidamente a las cambiantes demandas del mercado, por lo que ha mantenido altos niveles de satisfacción del cliente y también ha conseguido empleados comprometidos.

**La Inteligencia Emocional en la toma de decisiones rápidas**

En una empresa ágil, la toma de decisiones rápida y eficaz es crucial. Sin embargo, las decisiones rápidas pueden ser contraproducentes si no se consideran las emociones y el contexto de los involucrados. Este es el momento en el que la inteligencia emocional entra en juego. Los líderes con alta inteligencia emocional no solo son capaces de evaluar los hechos, sino también las emociones que rodean una situación. Esto les permite tomar decisiones que son racionales y también empáticas, lo que a su vez mejora la aceptación y la implementación de esas decisiones.

Por ejemplo, en Microsoft, Satya Nadella, su CEO, ha sido un defensor de la inteligencia emocional como una habilidad esencial para sus líderes. Bajo su liderazgo, Microsoft ha experimentado una transformación cultural que la ha convertido en una de las empresas más ágiles del mundo. Nadella ha promovido una cultura de «mentalidad de crecimiento», donde los empleados son alentados a aprender de sus errores y a desarrollar sus habilidades emocionales. Esto ha permitido a Microsoft ser más innovadora y adaptable, algo que ha sido crucial para su éxito en la era digital.

## Manejo de conflictos y resiliencia en equipos ágiles

Los conflictos son inevitables en cualquier entorno empresarial, pero en una empresa ágil la forma en que se manejan estos conflictos puede marcar la diferencia entre el éxito y el fracaso. Los equipos ágiles deben ser capaces de resolver conflictos de manera rápida y eficaz para mantener su ritmo de trabajo. La inteligencia emocional es fundamental para este proceso. Los miembros del equipo que poseen habilidades de inteligencia emocional son más capaces de manejar sus propias emociones durante un conflicto y de entender las perspectivas de los demás. Esto lleva a resoluciones más rápidas y constructivas, lo que permite que el equipo siga avanzando sin perder impulso.

Un ejemplo ilustrativo de cómo la inteligencia emocional puede mejorar el manejo de conflictos y la resiliencia en equipos ágiles es el caso de Google. La empresa es conocida por su cultura de colaboración y por la importancia que le da a la inteligencia emocional en sus procesos de selección y desarrollo de talento. En Google, los equipos son entrenados para manejar conflictos de manera abierta y respetuosa, lo que no solo mejora la moral del equipo, sino que también aumenta la productividad. Esta habilidad para manejar conflictos con eficiencia ha sido un factor clave en la capacidad de Google para innovar y mantener su posición como líder en la industria tecnológica.

## Comunicación eficiente y colaboración

La comunicación es la savia que mantiene viva la agilidad en una empresa. Para que una empresa sea ágil, la comunicación debe ser clara, abierta y constante. La inteligencia emocional facilita este tipo de comunicación al permitir que los empleados comprendan mejor las señales emocionales de sus compañeros, lo que a su vez reduce malentendidos y mejora la colaboración. En un entorno ágil donde los equipos a menudo trabajan en sprints y deben colaborar estrechamente, esta habilidad es imprescindible.

Un ejemplo de cómo la comunicación eficaz, potenciada por la inteligencia emocional, puede mejorar la agilidad empresarial se encuentra en la empresa de software Atlassian. Conocida por sus herramientas de colaboración como Jira y Trello, Atlassian ha integrado la inteligencia emocional en su cultura corporativa. Los empleados son entrenados para comunicarse abiertamente y para expresar sus emociones de manera constructiva. Esto ha llevado a una mayor colaboración entre equipos, una mejor resolución de problemas y una capacidad de adaptación más rápida a los cambios en el mercado.

**Creando una cultura de inteligencia emocional para la agilidad**

Integrar la inteligencia emocional en la cultura de una empresa no es una tarea fácil, pero es esencial para mejorar la agilidad. Las empresas que logran esto crean un entorno donde los empleados se sienten valorados y comprendidos, lo que a su vez mejora su compromiso y productividad. Además, una cultura de inteligencia emocional fomenta la innovación, ya que los empleados se sienten más seguros a la hora de compartir ideas y asumir riesgos.

Una anécdota que ilustra cómo una cultura de inteligencia emocional puede mejorar la agilidad de una empresa proviene de Southwest Airlines. La compañía es conocida por su interés en el bienestar de los empleados y la inteligencia emocional. Durante la crisis financiera de 2008, mientras otras aerolíneas estaban despidiendo empleados y recortando costos, Southwest optó por una estrategia diferente.

Gracias a su cultura de inteligencia emocional, la empresa pudo mantener a su personal motivado y comprometido, lo que les permitió adaptarse rápidamente a los desafíos del mercado sin sacrificar la calidad del servicio. Esta agilidad fue clave para que Southwest no solo sobreviviera a la crisis, sino que también saliera fortalecida.

**DINÁMICA PRÁCTICA PARA DESARROLLAR LA METACOMPETENCIA DE LA INTELIGENCIA EMOCIONAL**

**Objetivo:** Ayudar a los participantes a identificar, comprender y gestionar sus emociones en el entorno laboral, mejorando así su inteligencia emocional.

Duración: Una semana, con una sesión de reflexión el último día.

**Materiales:**

- Cuaderno o diario para cada participante (puede ser digital o en papel).

- Bolígrafo o herramienta para escribir.

- Guía de preguntas (que se entrega al inicio).

**Descripción de la Dinámica:**

Paso 1: Introducción (10 minutos).

- Comienza explicando a los participantes la importancia de la inteligencia emocional en el entorno laboral. Resalta cómo la comprensión y gestión de las emociones puede mejorar las relaciones, la toma de decisiones y el bienestar general en el trabajo.

- Explica que, durante una semana, cada participante llevará un «diario emocional» en el cual registrarán sus emociones y reflexionarán sobre ellas.

Paso 2: Explicación del Diario Emocional (15 minutos).

- Entrega a cada participante un cuaderno (o sugerir una aplicación de notas) para llevar su diario.

- Proporciona una guía de preguntas que deberán responder al final de cada día laboral:

    1. ¿Qué emociones experimenté hoy en el trabajo? (Por ejemplo, alegría, frustración, estrés, entusiasmo).

    2. ¿Cuáles fueron las situaciones que desencadenaron estas emociones?

    3. ¿Cómo respondí a esas emociones? ¿Pude manejarlas adecuadamente? ¿Reaccioné impulsivamente?

    4. ¿Cómo afectaron mis emociones a mi desempeño y a mis interacciones con los demás?

    5. ¿Qué puedo aprender de estas experiencias para manejar mejor mis emociones en el futuro?

Paso 3: Registro Diario (1 semana).

- Cada día, los participantes deben reservar entre 10 y 15 minutos para reflexionar y responder a las preguntas en su diario, idealmente al final de su jornada laboral.

- Es importante que sean sinceros y detallados en sus respuestas, ya que esto les ayudará a identificar patrones emocionales y áreas de mejora.

Paso 4: Sesión de Reflexión Grupal (60 minutos).

- Al final de la semana, reúne a los participantes para una sesión de reflexión.

- Comienza con una discusión general sobre la experiencia de llevar un diario emocional. Pregunta cómo se sintieron al identificar y reflexionar sobre sus emociones.

- Invita a los participantes a compartir, de forma voluntaria, algunas de sus experiencias y aprendizajes. Fomenta un ambiente de confianza y confidencialidad para que se sientan cómodos al compartir.

- Concluye la sesión resaltando la importancia de la inteligencia emocional continua y cómo este ejercicio puede ser una práctica regular para seguir desarrollando esta competencia.

Variaciones:

- Parejas de Reflexión. Si el grupo es grande, los participantes pueden trabajar en parejas para compartir sus diarios emocionales y discutir sus respuestas. Esto agrega una capa de empatía y entendimiento entre colegas.

- Coach. Asigna a cada participante un compañero con quien discutir brevemente su diario emocional al final de la semana. Este «entrenador emocional» puede ofrecer perspectivas adicionales y apoyo.

Resultados Esperados:

- Mayor conciencia de las propias emociones y de cómo estas influyen en el comportamiento y las decisiones.

- Mejor capacidad para manejar emociones difíciles en el trabajo.

- Incremento en la empatía y la comprensión de las emociones de los demás.

- Mejora en las relaciones laborales y en la dinámica de equipo.

**APRENDIZAJES DEL CAPÍTULO**

La inteligencia emocional es más que una habilidad blanda; es una de las metacompetencias esenciales para que las empresas puedan ser ágiles en un mundo en constante cambio.

Al desarrollar y fomentar la inteligencia emocional en sus equipos, las empresas pueden mejorar su capacidad de tomar decisiones rápidas y empáticas, manejar conflictos con eficacia, comunicarse mejor y crear una cultura de innovación y resiliencia. En un entorno empresarial cada vez más competitivo, la inteligencia emocional no es solo un complemento; es una necesidad.

Desarrollar la inteligencia emocional en una empresa tiene un impacto directo en su capacidad para ser más ágil mejorando la comunicación, la empatía y la resolución de conflictos. Aumenta el impacto positivo del líder y reduce la resistencia al cambio y mejora la comprensión de las emociones y necesidades de los clientes.

Al integrar la inteligencia emocional como parte de la cultura, la empresa no solo se vuelve mas ágil, sino también más humana, logrando con ello un equilibrio entre resultados y bienestar.

# PREDISPOSICIÓN AL CAMBIO

En un bosque, una liebre siempre se burlaba de una tortuga porque siempre era lenta. Un día, cansada de las burlas, la tortuga retó a la liebre a una carrera. Sorprendida por la propuesta y confiada por su velocidad, la liebre aceptó.

La carrera comenzó y, como era de esperar, la liebre salió disparada y dejó a la tortuga muy atrás. Sintiéndose segura de su victoria, la liebre decidió detenerse a mitad del camino para descansar bajo un árbol, convencida de que tenía tiempo de sobra.

Mientras tanto, la tortuga, que de inicio ya se creía competitiva pero lenta, decidió no abandonar como otras veces y se mantuvo constante y no dejó de avanzar. Su predisposición al cambio le permitió concentrarse en la tarea y adaptar su ritmo a sus capacidades, avanzando paso a paso sin detenerse y superando sus miedos a perder.

La liebre, confiada y algo perezosa, se quedó dormida bajo el árbol. Cuando despertó, la tortuga estaba a punto de cruzar la línea de meta. A pesar de su velocidad, ya era demasiado tarde para alcanzarla. La tortuga, lenta pero constante, ganó la carrera.

Esopo, *Fábulas*.

La predisposición al cambio es la actitud proactiva que permite a las organizaciones y a sus empleados no solo aceptar el cambio, sino buscarlo activamente como una oportunidad de crecimiento. Las empresas ágiles entienden que el cambio no es algo que se impone desde el exterior, sino que puede ser generado internamente como respuesta a la innovación y a las necesidades emergentes del mercado.

Retomamos referencias a Neflix. A lo largo de su historia, Netflix ha pasado por varias transformaciones importantes: de un servicio de alquiler de DVD por correo a una plataforma de streaming y, finalmente, a un gigante de la producción de contenido original. Esta predisposición al cambio ha sido crucial para que Netflix lidere la industria del entretenimiento. La cultura organizacional de Netflix promueve la innovación constante y la disposición a probar y desechar nuevas ideas rápidamente, lo que ha permitido a la empresa mantenerse a la vanguardia en un mercado altamente competitivo.

La innovación y la predisposición al cambio están intrínsecamente ligadas. Las empresas que fomentan una cultura de cambio son también las que más innovan. La flexibilidad para adoptar nuevas tecnologías, procesos y modelos de negocio es lo que permite a estas empresas mantenerse relevantes. Sin embargo, esta flexibilidad no es solo estructural, sino también mental. La mentalidad de crecimiento, que promueve el aprendizaje continuo y la aceptación de nuevos desafíos, es un componente esencial de la predisposición al cambio.

Un ejemplo notable es el de Amazon. Desde sus inicios como una librería online, Amazon ha demostrado una capacidad impresionante para innovar y adaptarse. Su predisposición al cambio se refleja en su incursión en múltiples industrias: desde el comercio electrónico hasta el cloud computing y la inteligencia artificial. Esta disposición a explorar nuevas áreas de negocio y a reinventarse continuamente ha sido clave para que Amazon se convierta en una de las empresas más valiosas y ágiles del mundo. Jeff Bezos, su fundador, ha promovido una cultura organizativa donde el fracaso es aceptado como parte del proceso de innovación y donde el cambio es visto como una oportunidad, no como una amenaza.

Una empresa predispuesta al cambio no solo es ágil, sino también resiliente. La resiliencia se refiere a la capacidad de una organización para recuperarse de las adversidades y salir fortalecida. En un entorno empresarial caracterizado por la volatilidad, la incertidumbre y la complejidad, la resiliencia es una competencia esencial. Las empresas que abrazan el cambio con una actitud positiva están mejor equipadas para enfrentarse a las crisis y convertir los desafíos en oportunidades de crecimiento.

La historia de IBM es un ejemplo de resiliencia empresarial basada en la predisposición al cambio. A lo largo de sus más de 100 años de historia, IBM ha pasado por múltiples transformaciones: desde la producción de maquinaria tabuladora hasta convertirse en una empresa líder en tecnología de la información y servicios de consultoría. Uno de los momentos más críticos fue en la década de

1990, cuando IBM se enfrentaba a grandes dificultades financieras y una fuerte competencia. En lugar de resistirse al cambio, IBM decidió reinventarse completamente bajo el liderazgo de Louis V. Gerstner. La compañía se centró en servicios y software, lo que le permitió no solo sobrevivir, sino prosperar en la era digital. Este cambio radical no hubiera sido posible sin una predisposición al cambio arraigada en la cultura de la empresa.

El liderazgo juega un papel crucial en fomentar una predisposición al cambio dentro de una organización. Los líderes deben ser los primeros en abrazar el cambio, actuar como modelos a seguir y ser motores de una cultura de apertura y adaptación. La comunicación clara y eficiente es vital para liderar el cambio, al igual que la capacidad de inspirar confianza en los empleados durante tiempos de incertidumbre.

Un ejemplo inspirador de liderazgo en tiempos de cambio es la transformación de Microsoft bajo la dirección de Satya Nadella. Cuando Nadella asumió el cargo de CEO en 2014, Microsoft se enfrentaba a desafíos importantes, incluidos productos que no estaban a la altura de la competencia y una cultura organizacional rígida. Nadella promovió una mentalidad de crecimiento y transformó la cultura de la empresa, fomentando la colaboración y la innovación. Bajo su liderazgo, Microsoft adoptó una estrategia de «cloud-first» que ha sido fundamental para su éxito en la era digital. La predisposición al cambio promovida por Nadella no solo rejuveneció a Microsoft, sino que también la posicionó como una de las empresas más ágiles del mundo.

## Estrategias prácticas para aceptar el cambio

Para que una empresa desarrolle una predisposición al cambio, no basta con desearlo; es necesario implementar estrategias concretas que promuevan esta metacompetencia a todos los niveles de la organización. Una de las estrategias clave es la educación y el desarrollo continuo. Las empresas deben invertir en la formación de sus empleados, tanto en habilidades técnicas como en habilidades blandas que fomenten la adaptabilidad y la innovación. Además, es crucial crear un entorno donde se valoren las ideas nuevas y se permita experimentar sin miedo al fracaso.

Un ejemplo de una empresa que ha implementado con éxito estas estrategias es 3M. Conocida por su innovación constante, 3M ha creado una cultura organizativa que promueve la predisposición al cambio. Una de sus políticas más destacadas es la «regla del 15%», que consiste en que los empleados pueden dedicar el 15% de su tiempo a trabajar en proyectos propios e innovadores que no estén necesariamente alineados con sus tareas principales. Esta política ha dado lugar a productos revolucionarios como las notas post-it. La disposición de 3M a permitir que sus empleados exploren nuevas ideas y caminos ha sido un factor clave en su capacidad para mantenerse ágil y competitiva en el mercado.

## Entornos de seguridad psicológica

La seguridad psicológica es tan necesaria para avanzar que podría considerarse casi una metacompetencia del equipo para el éxito de las organizaciones modernas, especialmente en un entorno donde la agilidad y la capacidad de adaptación son más importantes que nunca. Imagina trabajar en un lugar donde te sientes seguro para expresarte sin miedo al juicio o la reprimenda. Un entorno donde puedes compartir ideas, cometer errores y, aun así, sentirte valorado. Ese es el ambiente que fomenta la seguridad psicológica y es la base para que una organización pueda ser por completo ágil y adaptable.

## ¿Qué es la seguridad psicológica?

La seguridad psicológica se refiere a la sensación de confianza y seguridad que tienen los miembros de un equipo para ser ellos mismos y expresar sus pensamientos sin temor a represalias o consecuencias negativas. Este concepto, popularizado por la investigadora Amy Edmondson, significa que los empleados no temen ser ridiculizados, castigados o marginados por hablar, ya sea para señalar un error, ofrecer una sugerencia o expresar una duda. En una organización que fomenta la seguridad psicológica, los colaboradores se sienten cómodos para asumir riesgos interpersonales, y eso genera una cultura de apertura, aprendizaje y mejora continua. Sin esta base, las empresas no solo tienden a estancarse, sino que además es probable que experimenten problemas como el desgaste emocional, la falta de compromiso y el bajo rendimiento.

## La conexión entre la seguridad psicológica y la agilidad organizativa

Para entender por qué la seguridad psicológica es tan esencial para la agilidad, es importante analizar qué implica ser una organización ágil. Una organización ágil es aquella que responde rápidamente a los cambios del entorno, adaptándose a nuevas oportunidades, tecnologías y demandas del mercado sin perder su enfoque en el cliente. Esto no solo requiere procesos eficientes, sino también una cultura donde la experimentación, la retroalimentación y la innovación fluyan libremente. Sin embargo, lograr esta cultura es imposible si las personas sienten que no pueden ser sinceras o vulnerables en su trabajo diario.

## 1. La apertura para aprender y experimentar

En una organización con alta seguridad psicológica, los empleados no tienen miedo de aprender a través de la experimentación. No sienten que van a ser castigados por un error, sino que lo verán como una oportunidad de aprendizaje. Esto es clave en un entorno ágil, donde probar cosas nuevas y adaptarse rápidamente es esencial para encontrar soluciones que funcionen. Si las personas temen las consecuencias de fallar, se limitarán a hacer solo lo que saben, lo que conduce a una falta de innovación y, por ende, a una menor capacidad de adaptación.

## 2. Comunicación honesta y directa

La agilidad también requiere comunicación abierta, y esta solo es posible cuando existe seguridad psicológica. Si los empleados no se sienten seguros de expresar sus preocupaciones, ideas o dudas, la comunicación se vuelve superficial y poco eficiente. En un equipo que valora la seguridad psicológica, las personas pueden compartir problemas reales, buscar ayuda cuando es necesario y hacer preguntas difíciles sin miedo. Esta apertura promueve una toma de decisiones más rápida y eficaz, ya que todos están informados y participan activamente en la resolución de problemas.

### 3. Un ambiente donde todos pueden contribuir

Las organizaciones ágiles no dependen solo de la visión de los líderes, requieren que cada miembro contribuya con sus ideas y experiencias. En un ambiente seguro, cada voz cuenta, desde el nuevo empleado hasta el directivo más experimentado. Esto no solo permite una mayor diversidad de ideas, evita la ceguera de grupo, un fenómeno en el que las personas se alinean sin cuestionar por miedo a represalias o a salirse de la norma. En cambio, cuando todos se sienten seguros de compartir sus perspectivas, las decisiones se enriquecen y se adaptan mejor a la realidad cambiante.

### 4. Adaptación y resiliencia ante el cambio

La seguridad psicológica también es fundamental para enfrentar y adaptarse a cambios constantes. Las organizaciones que prosperan en entornos inciertos tienen equipos que pueden asumir riesgos y recuperarse de fracasos rápidamente. La resiliencia organizacional —la capacidad de hacer frente a las adversidades y seguir adelante— está íntimamente ligada a la seguridad psicológica. Las personas que se sienten respaldadas por sus compañeros y líderes tienen más confianza para tomar iniciativas, lo cual facilita la adaptación al cambio.

## Cómo fomentar la seguridad psicológica en una organización

Desarrollar un ambiente de seguridad psicológica no es fácil, pero es posible y necesario. Aquí hay algunos pasos prácticos que los líderes pueden tomar para fomentar esta cultura:

1. Fomentar una cultura de aprendizaje y no de castigo.

En lugar de centrarse en quién cometió un error, los líderes deben centrarse en lo que se puede aprender del mismo. Esto ayuda a que los empleados vean los errores como oportunidades de crecimiento y no como algo por lo que serán castigados. Las organizaciones ágiles ven el aprendizaje constante como parte de su funcionamiento diario, y esto solo es posible cuando los empleados no temen cometer errores.

2. Practicar la empatía y la escucha activa.

Los líderes deben crear un espacio donde las personas se sientan escuchadas y comprendidas. Esto significa practicar la empatía, hacer preguntas abiertas y, sobre todo, escuchar de verdad. Las personas que sienten que sus preocupaciones son comprendidas y valoradas estarán más dispuestas a ser abiertas y a contribuir de manera genuina.

3. Aceptar la vulnerabilidad.

Es esencial que los líderes también muestren vulnerabilidad. Cuando un líder admite que no tiene todas las respuestas o que también comete errores, envía el mensaje de que ser humano es seguro y que la perfección no es el objetivo. Esto alienta a los empleados a ser sinceros y a sentirse más conectados con sus líderes, lo que también promueve un ambiente de confianza.

4. Promover el feedback constructivo y continuo.

El feedback constante, positivo o constructivo, es clave para fomentar un ambiente seguro. Esto no significa criticar constantemente a los empleados, sino más bien dar retroalimentación útil que les ayude a crecer. Asimismo, animar a los empleados a dar feedback a sus superiores también ayuda a equilibrar el poder y a construir una cultura de confianza.

5. Reconocer y valorar la diversidad de opiniones.

Las organizaciones ágiles dependen de la diversidad de ideas y perspectivas. Esto no solo significa aceptar, sino también valorar las opiniones diferentes. Los líderes deben asegurarse de que todos, sin importar su rol o nivel, sientan que sus ideas son importantes. La inclusión mejora la moral y aporta puntos de vista únicos que pueden llevar a soluciones innovadoras.

**Beneficios de una cultura organizacional con seguridad psicológica**

Cuando una organización invierte en crear un ambiente seguro, los beneficios son evidentes. Los empleados se sienten más comprometidos, son más innovadores y están más dispuestos a adaptarse a los cambios. La organización, por su parte, se convierte en un ente dinámico, capaz de responder a las demandas del mercado y de sus clientes con mayor rapidez y eficacia.

Además, la seguridad psicológica tiene un impacto positivo en el bienestar y la satisfacción laboral de los empleados, lo que se traduce en menor rotación y mayor retención de talento. Las personas son más productivas y están dispuestas a dar lo mejor de sí mismas cuando saben que su trabajo y sus ideas son valoradas.

¿Te gustaría diagnosticar el grado de seguridad psicológica de tu equipo u organización? Te propongo este sencillo ejercicio. Identifica el grado en el que os encontráis:

a) Siempre es así.
b) Bastantes veces.
c) Algunas veces.
d) Pocas veces.
e) Nunca o casi nunca.

1. Necesidades básicas de seguridad (NBS). Las necesidades básicas de necesidad incluyen espacios seguros donde no se juzga, sin micro management y con las responsabilidades y objetivos claros.

2. Necesidades básicas de aprendizajes (NBA). Las necesidades básicas de aprendizaje incluyen espacios seguros que generan aprendizaje sin el miedo a equivocarse, donde se abraza el error como una oportunidad de crecimiento.

3. Necesidades de pertenencia (NP). Sentimiento de estar y sentirnos reconocidos al poder realizar preguntas, opinar libremente y tener ideas locas, aportar ideas en reuniones, trabajar áreas de mejora.

4. Necesidad emocional (NE). Espacios de feedback y construcción emocional donde podemos ser nosotros mismos sin máscaras, haciendo una diferencia entre el yo natural y el yo adaptado.

5. Necesidad de sentido (NS): Es el nivel más alto, te sientes tú mismo y te sientes realizado en un espacio donde eres tú y puedes mostrar tus emociones y tus vulnerabilidades. Aquí tus fortalezas están al servicio del equipo. Tu aportación tiene sentido.

**En conclusión, la seguridad psicológica no es un extra o un lujo dentro de una organización ágil; es la piedra angular que permite que todo lo demás funcione.** Si bien implementar una cultura de seguridad psicológica requiere tiempo y esfuerzo, los beneficios son claros y duraderos. Las organizaciones que promuevan este ambiente seguro serán más ágiles y también más resilientes y mejor preparadas para el éxito a largo plazo.

La inversión en la seguridad psicológica es, en definitiva, una inversión en el futuro de cualquier organización que desee prosperar en un mundo que cambia constantemente, Agile o no Agile.

**DINÁMICA PRÁCTICA PARA DESARROLLAR LA METACOMPETENCIA DE PREDISPOSICIÓN AL CAMBIO**

Objetivo: Desarrollar la predisposición al cambio en los participantes, ayudándolos a entender la importancia del cambio en el entorno laboral y a adoptar una actitud proactiva frente a las transformaciones.

Duración: 90 minutos.

Materiales:

- Cartulinas grandes o pizarras blancas.

- Marcadores de colores.

- Notas adhesivas (post-it).

- Hojas de papel.

- Bolígrafo para cada participante.

Descripción de la Dinámica:

Paso 1: Introducción (10 minutos).

- Explica a los participantes que la predisposición al cambio es clave para el éxito personal y organizativo en un entorno laboral que cambia rápidamente.

- Comparte un breve ejemplo de una empresa que ha prosperado gracias a su capacidad de cambio (por ejemplo, Netflix o Amazon).

- Menciona que el objetivo de la dinámica es explorar cómo cada uno percibe el cambio y cómo pueden adoptar una actitud más proactiva hacia él.

Paso 2: El Mapa del Cambio (30 minutos).

- Divide a los participantes en grupos de 4 o 5 personas.

- Entrega a cada grupo una cartulina grande o una pizarra blanca.

- Pide a cada grupo que dibuje un «mapa del cambio» que represente un viaje hacia el cambio en su lugar de trabajo. Deben imaginar que están guiando a su equipo a través de una transformación importante (como adoptar una nueva tecnología, cambiar un proceso de trabajo o una reestructuración organizativa).

- Instrucciones para el mapa:

    1. Punto de Partida. Pide a los participantes que dibujen en la parte inferior del mapa el punto de partida, que representa la situación actual.

    2. Obstáculos. Deben añadir y dibujar los posibles obstáculos que podrían encontrar en el camino (resistencia, miedo, falta de recursos).

    3. Recursos y Estrategias. Hay que añadir los recursos y estrategias que podrían utilizar para superar estos obstáculos (capacitación, comunicación abierta, apoyo del liderazgo).

    4. Meta Final. Tienen que dibujar la meta en la parte superior del mapa, representando el estado deseado después del cambio.

- Mientras trabajan en el mapa, cada grupo debe escribir en notas adhesivas sus ideas sobre cómo pueden fomentar una actitud positiva hacia el cambio en su equipo.

Paso 3: Presentación y Reflexión (30 minutos).

- Una vez que los grupos terminen sus mapas, pídeles que presenten su trabajo al resto del grupo.

- Cada grupo debe explicar su punto de partida, los obstáculos, las estrategias y la meta final. También deben compartir las ideas escritas en las notas adhesivas.

- Fomenta una discusión después de cada presentación, haciendo preguntas como:

  - ¿Qué obstáculos creen que son los más difíciles de superar?

  - ¿Cómo podrían aplicar estas estrategias en situaciones reales en su lugar de trabajo?

  - ¿Qué habilidades creen que son esenciales para manejar el cambio?

Paso 4: Reflexión Individual y Compromiso (20 minutos).

- Entrega una hoja de papel y un bolígrafo a cada participante.

- Pide a cada persona que reflexione individualmente sobre su propia predisposición al cambio. Pregúntales:

  - ¿Cómo reacciono normalmente ante el cambio?

  - ¿Qué me dificulta aceptar y adaptarme al cambio?

o ¿Qué puedo hacer para ser más proactivo y abierto al cambio en el futuro?

- Luego, cada participante debe escribir un compromiso personal sobre cómo adoptará una actitud más abierta al cambio. Este compromiso puede ser una acción específica que planeen implementar en su vida laboral.

- Si lo desean, los participantes pueden compartir sus compromisos con el grupo, pero esto es opcional.

Paso 5: Cierre (10 minutos).

- Concluye la dinámica recordando que el cambio es inevitable y que tener una predisposición al cambio no solo beneficia a la empresa, sino también al desarrollo personal y profesional de cada uno.

- Agradece a los participantes por su participación y enfatiza que el viaje del cambio es continuo y que siempre hay nuevas oportunidades para aprender y crecer.

Resultados Esperados:

- Mayor conciencia de las actitudes individuales hacia el cambio.

- Desarrollo de estrategias para enfrentar y superar la resistencia al cambio.

- Fomento de una cultura de cambio proactivo en el lugar de trabajo.

- Compromiso personal con la adaptación y la mejora continua.

**APRENDIZAJES DEL CAPÍTULO**

La predisposición al cambio es una metacompetencia esencial para que las personas no sufran en un entorno empresarial en constante evolución.

Al desarrollar esta competencia, las organizaciones se preparan para enfrentar los desafíos del presente y también se posicionan para liderar el futuro.

La clave para desarrollar esta metacompetencia radica en el liderazgo, la innovación y la resiliencia. Los líderes deben ser los primeros en abrazar el cambio y fomentar una cultura de adaptabilidad y aprendizaje continuo.

Esta metacompetencia es el motor que impulsa la agilidad empresarial, permitiendo a las organizaciones adaptarse al cambio y liderarlo.

# ORIENTACIÓN AL CLIENTE

Un día, un ratón corría por el bosque cuando, sin darse cuenta, tropezó con un león dormido. El león despertó abruptamente, atrapando al ratón con su enorme garra. El ratón, temblando de miedo, le suplicó al león que lo dejara ir.

—Por favor, señor León, perdóneme la vida. Si me deja ir, prometo que algún día le devolveré el favor.

El león, divertido ante la idea de que un pequeño ratón pudiera alguna vez ayudar a un gran león, decidió ser generoso y liberarlo.

Unos días después, el león quedó atrapado en una red de cazadores. Por más que luchaba y rugía, no lograba liberarse. Sus poderosas garras y fuerza no podían romper las cuerdas que lo tenían atrapado.

El ratón, que estaba cerca, escuchó los rugidos del león y acudió hacia el lugar. Rápidamente, el ratón royó las cuerdas con sus pequeños y afilados dientes hasta que el león quedó libre.

—Nunca pensé que un pequeño ratón podría ayudarme —dijo el león con gratitud.

—Señor león, aunque pequeño, siempre recordaré su amabilidad. Cumplí mi promesa de ayudarle como usted me ayudó a mí.

Esopo, *Fábulas*.

En el núcleo de cualquier metodología Agile, ya sea Scrum, Kanban o cualquier otra variante, se encuentra un principio fundamental: la entrega continua de valor al cliente. Esta visión centrada en el cliente es lo que diferencia a Agile de otras metodologías tradicionales, como el enfoque en cascada (waterfall), donde el cliente a menudo recibe el producto solo al final de un largo proceso de desarrollo.

Un excelente ejemplo de una empresa que ha adoptado esta filosofía es Spotify. La empresa de streaming musical ha crecido enormemente no solo porque ofrece un producto popular, sino porque ha estructurado su organización de manera que pueda responder rápidamente a las necesidades y deseos de sus usuarios. En lugar de operar en departamentos aislados, Spotify utiliza escuadrones y tribus: pequeños equipos multidisciplinares que trabajan de manera autónoma pero alineada para desarrollar y mejorar continuamente la plataforma. Estos equipos están directamente conectados con los usuarios, utilizando datos y feedback en tiempo real para ajustar sus proyectos y priorizar las características que ofrecen el mayor valor al cliente. De este modo, Spotify satisface a sus clientes y anticipa sus necesidades, adaptándose rápidamente a los cambios del mercado y a las preferencias del usuario.

La orientación al cliente en un entorno Agile va más allá de realizar encuestas ocasionales o estudios de mercado. Se trata de una inmersión continua en la experiencia del cliente, utilizando herramientas como entrevistas, mapas de empatía y análisis de datos en tiempo real para entender profundamente los problemas, deseos y necesidades del cliente.

Volviendo a la historia de Zappos, la tienda en línea de calzado y ropa que es reconocida por su obsesión con la satisfacción del cliente. En Zappos cada empleado, independientemente de su rol, pasa un tiempo trabajando en el centro de atención al cliente para entender mejor las necesidades y expectativas de sus compradores. Esta idea ha permitido a la empresa crear una cultura donde el cliente es el centro de todas las decisiones, desde la selección de productos hasta el desarrollo de nuevas características en su plataforma. En un caso emblemático, un cliente necesitaba devolver un par de zapatos fuera del período de devolución establecido. No solo se aceptó la devolución sin inconvenientes, sino que el representante de atención al cliente envió flores al cliente como muestra de agradecimiento por su lealtad. Este nivel de empatía y comprensión del cliente ha convertido a Zappos en un ícono de la orientación al cliente, y su agilidad para adaptar sus procesos a las necesidades del cliente ha sido clave para su éxito duradero.

En enfóquela filosofía ágil, la retroalimentación continua es esencial. Los ciclos de desarrollo cortos y las entregas incrementales permiten a las empresas recibir feedback constante de los clientes y ajustar el rumbo de manera rápida y eficiente. Este proceso iterativo mejora la calidad del producto y también asegura que el producto final esté en consonancia con las expectativas del cliente.

Airbnb, la plataforma de alojamiento, ha perfeccionado esta práctica. Desde sus inicios, Airbnb ha utilizado la retroalimentación de los usuarios para mejorar su plataforma y expandir sus servicios. Los fundadores comenzaron a enviar correos electrónicos personalmente a sus primeros usuarios, pidiendo comentarios detallados sobre su experiencia. Este enfoque centrado en el cliente les permitió iterar rápidamente en su plataforma y solucionar problemas antes de que escalaran. A medida que la empresa creció, este ciclo de retroalimentación se convirtió en una parte integral de su cultura organizativa. Hoy en día, Airbnb utiliza herramientas avanzadas de análisis de datos y realiza experimentos continuos para entender cómo interactúan los usuarios con la plataforma, ajustando la experiencia del usuario en tiempo real para satisfacer las necesidades de los clientes. Esta capacidad para adaptarse rápidamente a las preferencias cambiantes de los usuarios ha sido fundamental para que Airbnb mantenga su posición como líder en el mercado del alojamiento.

Una de las manifestaciones más avanzadas de la orientación al cliente en un entorno Agile es la cocreación. Esto implica trabajar directamente con los clientes durante el proceso de desarrollo, lo que les permite ser parte activa en la creación del producto o servicio. La cocreación asegura que el producto final esté en consonancia con las expectativas del cliente y, además, fortalece la relación entre la empresa y sus clientes.

Un ejemplo destacado de cocreación es el de Lego. Enfrentada a la caída de las ventas a principios de los años 2000, Lego decidió involucrar a sus clientes más fieles en el proceso de diseño de nuevos productos. Crearon la plataforma Lego Ideas, donde los fanáticos de la marca pueden proponer, votar y comentar nuevos diseños de sets de Lego. Los proyectos más populares son revisados por el equipo de Lego y, si cumplen con ciertos criterios, se convierten en productos reales disponibles para su compra. Esta colaboración directa con los clientes ha revitalizado la marca y ha permitido a Lego lanzar productos que tienen una alta demanda desde el primer día. Al trabajar directamente con sus clientes, Lego ha demostrado cómo la cocreación puede ser un poderoso motor de innovación y agilidad empresarial.

Para que una empresa sea verdaderamente ágil y esté orientada al cliente, es necesario que la cultura organizacional refleje estos valores. No se trata solo de procesos o herramientas, se trata de una mentalidad compartida en toda la organización que coloca al cliente en el centro de todas las decisiones.

Un ejemplo que ilustra perfectamente esta cultura es el de Apple bajo el liderazgo de Steve Jobs. Jobs era conocido por su fijación en crear productos que los clientes amaran, no solo por su funcionalidad, también por su diseño y experiencia de uso. La cultura de Apple se centraba en entender profundamente al cliente y en crear productos que superaran sus expectativas. Aunque Apple no siempre seguía la filosofía Agile en términos de metodologías, su agilidad en responder a las necesidades del cliente y en reinventar sus productos es un testimonio de su fuerte orientación al cliente. Esta mentalidad está presente en el equipo de diseño de productos y en todos los niveles de la empresa, desde los ingenieros hasta el personal de las tiendas Apple, quienes están entrenados para ofrecer una experiencia excepcional a los clientes.

## DINÁMICA PRÁCTICA PARA DESARROLLAR LA METACOMPETENCIA DE ORIENTACIÓN AL CLIENTE

Para que una empresa desarrolle y mantenga una orientación al cliente en un entorno Agile, es necesario implementar estrategias concretas que promuevan esta metacompetencia a todos los niveles de la organización.

Algunas de las estrategias clave incluyen:

1. **Integración del cliente en el proceso de desarrollo.** Las empresas deben crear mecanismos para que los clientes puedan dar su opinión durante todo el ciclo de desarrollo, no solo al final. Esto puede incluir desde encuestas regulares hasta invitar a los clientes a formar parte de sprints de desarrollo.

2. **Equipos multifuncionales con enfoque en el cliente.** Crear equipos que incluyan miembros de diferentes áreas (desarrollo, marketing, atención al cliente) para que trabajen juntos en proyectos centrados en mejorar la experiencia del cliente.

3. **Capacitación continua en empatía y orientación al cliente.** Los empleados, desde el nivel operativo hasta el liderazgo, deben recibir capacitación continua para entender mejor al cliente y adaptarse a sus necesidades. Esto mejora la relación con el cliente y fomenta una cultura de agilidad y respuesta rápida a los cambios en el mercado.

4. **Uso de datos para decisiones informadas.** Implementar sistemas que recopilen y analicen datos del cliente en tiempo real que permita que las decisiones se basen en

información actualizada y precisa sobre las necesidades y comportamientos de los clientes.

5. **Cultura de innovación y experimentación.** Fomentar una cultura donde la innovación y la experimentación sean bienvenidas, lo que permita que las ideas orientadas al cliente sean probadas rápidamente y, si es necesario, ajustadas sin temor al fracaso.

**APRENDIZAJES DEL CAPÍTULO**

La orientación al cliente es una metacompetencia esencial para cualquier empresa que aspire a ser ágil y competitiva en el panorama actual.

Esta metacompetencia trata de satisfacer al cliente e involucrarlo activamente en el proceso de creación de valor.

Crea una cultura donde el cliente sea el centro de todas las decisiones, utiliza la retroalimentación constante, la cocreación y la innovación como motores para la mejora continua.

# INNOVACIÓN

En el equipo de **Agile Institute**, Blanca Araujo es la experta en innovación y por ello me gustaría dedicarle este capítulo. Le pediré que nos regale una dinámica al finalizarlo.

En un día de primavera, una grulla y un zorro se encontraron en el bosque y decidieron almorzar juntos. El zorro, siempre astuto, propuso a la grulla que viniera a su casa para una comida.

La grulla aceptó la invitación y, cuando llegó a la casa del zorro, se encontró con un festín delicioso servido en un plato llano. La grulla intentó comer, pero no pudo debido a su largo pico y la forma del plato, que le impedía acceder a la comida. Mientras tanto, el zorro disfrutó del festín sin problemas, ya que podía comer fácilmente de ese plato.

Poco después, el zorro, con una sonrisa astuta, pidió a la grulla que le devolviera la invitación. La grulla aceptó y organizó un almuerzo en su propio hogar. Cuando el zorro llegó, encontró la comida servida en un jarrón largo y estrecho, ideal para el pico largo de la grulla. El zorro, con su hocico mucho más corto, no pudo llegar a la comida, mientras que la grulla se alimentó cómodamente.

El zorro entendió la importancia de adaptar las soluciones a las necesidades de cada uno. La grulla, al usar su creatividad para adaptar la comida a su propia situación, mostró como la innovación puede resolver problemas eficaz y justamente para todos.

Esopo, *Fábulas*.

La innovación como metacompetencia es un factor decisivo para que una empresa mantenga su agilidad en un entorno empresarial en constante cambio. La capacidad de innovar implica crear nuevos productos o servicios, mejorar procesos, adaptar modelos de negocio y responder rápidamente a las necesidades cambiantes del mercado. En el contexto de Agile, la innovación se convierte en un motor central que impulsa a las empresas a ser más flexibles, rápidas y eficientes en la entrega de valor. A lo largo de estas páginas, exploraremos cómo la innovación, entendida y aplicada bajo las metodologías Agile, se convierte en una herramienta poderosa para la agilidad empresarial. Para ello utilizaremos ejemplos de empresas españolas que han hecho de la innovación su fortaleza.

En un mundo donde los ciclos de vida de los productos se acortan y la competencia es feroz, las empresas que no innovan están destinadas a quedarse atrás. La innovación según la filosofía Agile se integra en todos los niveles de la organización, lo que permite que las ideas fluyan de manera constante y que los equipos puedan experimentar, aprender y adaptarse rápidamente.

Un ejemplo notable en el contexto español es el de **Telefónica**, una de las empresas de telecomunicaciones más grandes del mundo. He tenido la suerte conocer y compartir sesión con Patricia Iglesias (Agile Coach Discipline Lead) a la que aprecio y con la que siempre aprendo un montón.

Telefónica ha sabido adaptarse a los rápidos cambios del mercado gracias a una cultura de innovación profundamente arraigada. En lugar de limitarse a ser un proveedor de servicios de telecomunicaciones, Telefónica ha invertido en la creación de nuevas soluciones tecnológicas y en la mejora continua de sus procesos internos a través de metodologías Agile.

Uno de los hitos clave en esta transformación ha sido la creación de **Wayra**, la aceleradora de startups de Telefónica, que se centra en identificar y apoyar a nuevas empresas tecnológicas que puedan aportar soluciones innovadoras. Wayra ha permitido a Telefónica mantenerse al tanto de las últimas tendencias tecnológicas y también integrar estas innovaciones en su propia oferta de servicios. A través del ideario Agile, donde los ciclos de desarrollo y las pruebas de concepto son cortos, Wayra ha ayudado a Telefónica a responder rápidamente a las necesidades del mercado, demostrando cómo la innovación y la agilidad pueden ir de la mano.

La innovación en un entorno Agile no se limita a grandes saltos tecnológicos o a la creación de productos revolucionarios. De hecho, uno de los aspectos más poderosos del enfoque Agile es su capacidad para fomentar tanto la innovación incremental como la disruptiva.

La **innovación incremental** se refiere a mejoras continuas y pequeñas en productos, servicios o procesos existentes. Este tipo de innovación es esencial para mantener la relevancia en el mercado y para optimizar la eficiencia operativa. Un ejemplo de innovación incremental en una empresa española es el caso de **Inditex**, la multinacional de moda que opera marcas como Zara, Massimo Dutti o Pull&Bear.

Inditex ha perfeccionado su modelo de negocio gracias a una serie de innovaciones incrementales en su cadena de suministro y en sus procesos de producción. La empresa utiliza un enfoque Agile en su cadena de valor, lo que le permite lanzar nuevas colecciones en tiempo récord, ajustando sus diseños basados en datos en tiempo real provenientes de sus tiendas y plataformas online. Esta capacidad de respuesta rápida es el resultado de años de mejora continua en cada etapa del proceso, desde el diseño hasta la distribución. Gracias a esta agilidad, Inditex puede reaccionar rápidamente a las tendencias de la moda y ofrecer productos que están en consonancia con las demandas del mercado casi en tiempo real.

Por otro lado, la **innovación disruptiva** implica la creación de productos, servicios o modelos de negocio que cambian radicalmente el mercado o crean nuevos mercados. En España, un ejemplo de innovación disruptiva que sigue la filosofía Agile es el de **Cabify**, la empresa de movilidad que ha cambiado la forma en que las personas se desplazan en las ciudades. Hace algo más de un par de años formamos al equipo de Agile Coach y Scrum Master de la mano de Olga Sánchez (antigua Global Talent Development Senior Manager).

Cabify surgió como una alternativa a los taxis tradicionales, ofreciendo un servicio de transporte privado a través de una aplicación móvil. Sin embargo, lo que en realidad distingue a Cabify es su capacidad para adaptarse rápidamente a las regulaciones locales y a las necesidades del mercado. Siguiendo las técnicas de Agile, Cabify implementa nuevas funcionalidades y mejoras en su plataforma de manera continua, lo que le ha permitido mantenerse competitivo frente a gigantes como Uber. Además, la empresa ha innovado en su modelo de negocio al diversificar sus servicios, ofreciendo soluciones para empresas, entregas de última milla y opciones de movilidad sostenible. La agilidad de Cabify para innovar y adaptarse a un entorno regulatorio y competitivo en constante cambio es un claro ejemplo de cómo la innovación disruptiva puede ser potenciada por las metodologías Agile.

Una de las claves de Agile es la colaboración continua con el cliente durante todo el proceso de desarrollo. La innovación ágil pone al cliente en el centro de todo, asegurando que las nuevas ideas y productos estén alineados con las necesidades y expectativas del mercado.

Un ejemplo destacado de una empresa española que ha adoptado esta filosofía es **BBVA**, uno de los bancos más grandes del país. BBVA ha sido pionero en la transformación digital del sector bancario en España, y ha logrado integrar la innovación en todos sus procesos, desde la atención al cliente hasta el desarrollo de nuevos productos financieros.

En lugar de desarrollar productos en un silo, BBVA involucra a sus clientes en el proceso de innovación desde las primeras etapas. A través de encuestas, pruebas de usabilidad y análisis de datos, el banco recoge continuamente información sobre las preferencias y comportamientos de sus usuarios. Esta información se utiliza para iterar rápidamente en nuevas funcionalidades y servicios. Por ejemplo, la app de BBVA ha evolucionado constantemente para ofrecer a los usuarios una experiencia más intuitiva y personalizada basada en el feedback directo de los clientes. Esta orientación al cliente, combinada con la capacidad de iterar rápidamente gracias al enfoque Agile, ha permitido a BBVA mantenerse a la vanguardia de la innovación en el sector financiero.

Para que la innovación se convierta en una metacompetencia eficiente dentro de una empresa, es esencial que esté respaldada por una cultura organizacional que la fomente. La innovación no puede ser vista como una tarea aislada o como responsabilidad de un solo departamento, debe estar integrada en la mentalidad de toda la organización.

A pesar de los beneficios evidentes, la implementación de la innovación en un entorno Agile no está exenta de desafíos. Uno de los principales retos es mantener el equilibrio entre la velocidad y la calidad. En la búsqueda de ser rápidos y ágiles, las empresas pueden caer en la trampa de sacrificar la calidad por la rapidez. Esto es particularmente relevante en sectores donde la precisión y la fiabilidad son críticas, como en la industria farmacéutica o la automotriz.

## DINÁMICA PRÁCTICA IMPLEMENTADA POR BLANCA ARAÚJO PARA DESARROLLAR LA METACOMPETENCIA DE LA INNOVACIÓN

**Objetivo:** Crear una cultura de creatividad y generación de ideas en la que fluya la innovación y que desmonte todo aquello que parezca estar escrito en piedra.

**Duración:** Taller de dos horas que se repite con periodicidad.

**Materiales:**

- Elige un producto o un proceso de tu organización para repensar. Si tu organización vende productos, ve trabajando cada taller sobre alguno de ellos. Si tu organización se centra en servicios, elige uno para trabajar en cada taller.
- También puedes, alternativamente al punto anterior, elegir un proceso o procedimiento interno en el que hayas identificado cuellos de botella, de forma que este ejercicio de innovación ayude también a tu mejora continua.
- Una pizarra o papel corrido.
- Notas adhesivas.

**Descripción de la dinámica:**

Paso 1: Introducción (10 minutos).

- Comienza explicando a los participantes que el objetivo de este taller es generar ideas de mejora para el protagonista de la sesión.
- Explica quién es el protagonista de la sesión: el producto, servicio o proceso que hayas elegido trabajar.

Paso 2: Crea una visión compartida (30 minutos).

- En equipo o en grupos de 4-5 personas (si se trata de un grupo numeroso), poned en común cómo se usa el protagonista, qué información tenemos de las personas que lo usan, qué valoran y qué echan en falta.
- Pon en común también qué otros productos, servicios o procesos se usan aguas arriba y aguas debajo de tu protagonista. ¿Hay otras funcionalidades que podrías incluir o integrar?

Paso 3: Lluvia de ideas (30 minutos).

- En grupo, construye una pregunta a la que queráis dar respuesta y que sirva como conclusión a vuestra discusión anterior. Podríais basaros en esta estructura: ¿Cómo podríamos...?

  [ACCIÓN: integrar/mejorar/incorporar/

  optimizar/ahorrar/eliminar)]

  ...en nuestro protagonista, para que...

  [BENEFICIO: qué quieres conseguir para tu usuario / cliente]

- Individualmente, pide a los miembros de tu equipo que se expriman la cabeza y piensen durante 5 minutos respuestas concretas para la pregunta.
- Leed las ideas individuales en común y prestad atención a que puedan emerger ideas nuevas, variaciones de las ya propuestas y nuevas dimensiones a considerar.

Paso 4: Prioriza (30 minutos).

Una ley universal de una lluvia de ideas es no hacer juicios, pero eso no quiere decir que todas las ideas sean igual de buenas. En esta fase crea un mapa en el que clasifiques tus ideas en dos ejes.

Por ejemplo, puedes poner de izquierda a derecha cómo de fácil es llevar la idea a cabo, y de arriba abajo cómo de grande es el impacto que tendría tu idea en caso de tener éxito.

Establece de forma transparente con tu equipo qué ideas te vas a quedar (las más fáciles, las que sean fáciles y también de mucho impacto, las de más impacto…)

Paso 5: Selecciona y plantea el futuro (20 minutos).

El último paso depende de ti. Nuestra recomendación es que elijas una o dos candidatas y plantees un plan de acción. Pide voluntarios para crear un prototipo y plantear al equipo cómo podrían ser los siguientes pasos. Plantea próximas reuniones para ver el prototipo y establecer cambios. Esto te permitirá ver que las ideas propuestas son escuchadas y se convierten en mejoras.

Cuando hayas implementado la idea seleccionada y terminado con el plan de acción, será el momento de elegir un nuevo protagonista y volver a empezar

**Resultados Esperados:**

- La identificación de mejoras y la generación de ideas son un músculo. Con la práctica continua conseguirás generar cada vez más mejoras que serán también más potentes.
- Mayor creatividad en tu equipo, se te ocurrirán más ideas y estas serán más disruptivas a medida que te ejercites.
- Mejorar tu pensamiento crítico y tu capacidad de priorización.
- Mejorarás las relaciones del equipo y el sentido del humor si además defines un premio (unas gominolas, un café, un reconocimiento especial) para la idea más loca y divertida de la sesión.

## APRENDIZAJES DEL CAPÍTULO

La innovación es una metacompetencia que, cuando se combina con un enfoque agile, puede transformar una empresa, haciéndola más ágil, competitiva y capaz de responder a los cambios del mercado con rapidez y eficacia.

La innovación es un proceso, pero, sobre todo, es una cultura organizativa que debe estar presente en todos los niveles de la organización.

La capacidad de innovar de manera ágil se convierte en la mejor defensa y en la mayor fortaleza de cualquier empresa que aspire a liderar su mercado.

Las empresas sin innovación están perdiendo competitividad y tienen un alto riesgo de desaparición.

Las empresas no innovan, son las personas. Y quienes generan la innovación son las personas con la tecnología.

# PENSAMIENTO SISTÉMICO

Un hombre que viajaba por la selva encontró a un grupo de elefantes en una situación peculiar: todos estaban atados a árboles con cuerdas enclenques. El hombre se sorprendió por que tan grandes y fuertes animales pudieran estar contenidos por algo tan débil.

El hombre se acercó al líder del grupo de elefantes y le preguntó:

—¿Por qué no rompéis estas cuerdas y os liberáis? Sois tan fuertes que podríais desataros y escapar con facilidad.

El líder de los elefantes respondió:

—Cuando éramos crías, nos ataron con cuerdas similares y, en ese momento, no teníamos la fuerza suficiente para romperlas. Aprendimos a aceptar que esas cuerdas nos contenían. Aunque ahora somos mucho más fuertes, seguimos pensando que no podemos romperlas.

El hombre comprendió que los elefantes no se liberaban, no por falta de fuerza, sino porque estaban atrapados en una **creencia del pasado** que ya no tenía validez. El problema era que los elefantes no veían el sistema de ataduras y su capacidad actual desde una perspectiva más amplia.

Fábula popular.

El pensamiento sistémico es un planteamiento holístico que considera las relaciones entre los diferentes componentes de un sistema en lugar de centrarse únicamente en las partes individuales. En el contexto empresarial, esto significa que las decisiones no se toman de manera aislada, sino que se consideran sus implicaciones a largo plazo y su impacto en toda la organización y más allá, incluyendo a clientes, proveedores y otros actores clave.

Una empresa que ejemplifica el uso del pensamiento sistémico es **Indra**, una multinacional española líder en consultoría y tecnología. Indra ha integrado el pensamiento sistémico en su gestión, especialmente en proyectos complejos como el desarrollo de sistemas de control de tráfico aéreo o soluciones de defensa. Al considerar cómo cada componente del sistema interactúa con los demás, Indra ha logrado crear soluciones que cumplen con las necesidades inmediatas de sus clientes y que se adaptan a futuras evoluciones tecnológicas y regulatorias. Esta filosofía aumenta la eficiencia y la calidad de sus proyectos y, además, permite a la empresa ser más ágil y adaptable ante los cambios del entorno.

Uno de los mayores beneficios del pensamiento sistémico es su capacidad para abordar problemas complejos de manera efectiva. En lugar de buscar soluciones rápidas que pueden resolver un síntoma pero a la vez agravar el problema subyacente, el pensamiento sistémico permite a las organizaciones identificar las causas raíz de los problemas y desarrollar soluciones sostenibles.

Un ejemplo de esto se puede ver en **Naturgy**, una de las principales empresas energéticas de España. Enfrentada a la necesidad de reducir su huella de carbono y cumplir con los objetivos de sostenibilidad, Naturgy adoptó un planteamiento sistémico para transformar su modelo de negocio (según nos contaban en una formación de hace un par de años). En lugar de simplemente reducir las emisiones en sus operaciones actuales, la empresa consideró de qué manera todo su sistema energético podría evolucionar hacia un futuro más sostenible. Esto incluyó inversiones en energías renovables, mejoras en la eficiencia energética y la creación de nuevos modelos de negocio que promuevan la economía circular.

La transformación de Naturgy no fue solo una respuesta a las presiones regulatorias o de mercado, fue un replanteamiento completo de cómo la empresa interactúa con el entorno y la sociedad. Esta aproximación sistémica permitió a Naturgy cumplir con sus objetivos de sostenibilidad y, además, posicionarse como un líder en la transición energética, lo que les hizo capaz de adaptarse rápidamente a las nuevas demandas del mercado.

La innovación y el pensamiento sistémico están estrechamente relacionadas. La innovación eficiente a menudo requiere una visión sistémica que permita ver más allá de las soluciones obvias y explorar cómo las nuevas ideas pueden impactar a la organización y al entorno de maneras inesperadas.

Un caso destacado es el de **Acciona**, una empresa española líder en infraestructuras y energías renovables. Acciona ha utilizado el pensamiento sistémico para impulsar su estrategia de innovación, especialmente en proyectos relacionados con la sostenibilidad. Un ejemplo notable es el desarrollo de plantas desalinizadoras que producen agua potable y, a su vez, minimizan el impacto ambiental mediante el uso de energía renovable y tecnologías de bajo consumo.

Acciona entendió que la verdadera innovación residía en la capacidad de desalinizar agua y hacerlo de una manera que fuera sostenible a largo plazo, generando un impacto positivo en las comunidades locales y en el medio ambiente. Esta filosofía sistémica permitió a la empresa innovar de manera que sus soluciones fueran no solo efectivas, sino que también estuvieran alineadas con un propósito más amplio y con su visión de sostenibilidad.

El pensamiento sistémico también fomenta una mayor colaboración dentro de las organizaciones (romper silos), ya que resalta la interdependencia entre diferentes departamentos y funciones. Cuando las personas comprenden cómo sus acciones afectan al resto del sistema, están más inclinadas a trabajar de manera colaborativa, lo que mejora la agilidad y la capacidad de respuesta de la empresa.

A pesar de sus numerosos beneficios, la implementación del pensamiento sistémico no está exenta de desafíos. Uno de los principales retos es la resistencia al cambio, especialmente en organizaciones pequeñas y medianas donde los recursos pueden ser limitados y donde las estructuras tradicionales están profundamente arraigadas.

El pensamiento sistémico mejora la agilidad de una empresa y puede convertirse en una ventaja competitiva. Las empresas que son capaces de ver el panorama completo y entender las interrelaciones entre sus diferentes componentes y el entorno, tienen una capacidad superior para anticiparse a los cambios, mitigar riesgos y aprovechar nuevas oportunidades.

**APRENDIZAJES DEL CAPÍTULO**

El pensamiento sistémico es una metacompetencia esencial para cualquier empresa que aspire a ser verdaderamente ágil.

Al permitir una comprensión profunda de cómo interactúan las diversas partes de la organización y su entorno, el pensamiento sistémico capacita a las empresas para tomar decisiones más informadas, innovar con eficacia y colaborar de manera más estrecha y eficiente.

El pensamiento sistémico integrado en la cultura y los procesos genera agilidad y más resiliencia y competitividad.

La metacompetencia pensamiento sistémico eleva la colaboración transversal y rompe los silos organizativos.

# GESTIÓN DEL CONOCIMIENTO

Había una vez una abeja obrera que pasaba el día recogiendo néctar de las flores y produciendo miel en su colmena. La abeja sabía que el proceso de recolección y producción de miel era complejo y requería experiencia y habilidad. Además, la colmena se beneficiaba enormemente de la miel que ella producía.

Un día, una avispa curiosa se acercó a la abeja y le preguntó:
—¿Cómo haces para producir tanta miel y tan deliciosa? ¿Puedes enseñarme cómo hacerlo?

La abeja, un poco sorprendida por la pregunta, respondió:
—Lo siento, pero el proceso es muy complicado y lleva mucho tiempo. Además, mi colmena depende de que yo haga todo este trabajo.

Sin embargo, la avispa no se desanimó y siguió insistiendo. Finalmente, la abeja, reconociendo la curiosidad y el interés de la avispa, decidió compartir su conocimiento. Le explicó cómo recolectar néctar, cómo procesarlo en la colmena y también los secretos para producir miel de alta calidad.

Con el tiempo, la avispa aprendió el proceso y, en lugar de buscar el néctar solo para sí misma, comenzó a ayudar a otras abejas y a compartir lo que había aprendido. Las abejas también comenzaron a colaborar con la avispa en la recolección de néctar, creando una red de conocimiento y apoyo mutuo.

A medida que el conocimiento se compartía y se gestionaba con agilidad entre la abeja, la avispa y otras criaturas del bosque, la producción de miel mejoró y la comunidad prosperó. La colaboración y el intercambio de conocimientos dieron como resultado una mayor abundancia y eficiencia.

Fábula popular.

La gestión del conocimiento implica la creación, almacenamiento, compartición y aplicación del mismo dentro de una organización. En lugar de ver el conocimiento solo como un recurso estático, la gestión del conocimiento ágil lo trata como una metacompetencia que debe ser continuamente actualizada y utilizada para impulsar el desarrollo, la polivalencia y el aprendizaje continuo.

La gestión del conocimiento eficaz permite a las empresas no solo resolver problemas actuales, sino también anticiparse a futuros desafíos. Facilita el acceso a la experiencia acumulada, evita la reinvención de la rueda y permite una toma de decisiones más informada. En el contexto ágil, donde la adaptabilidad y la velocidad son esenciales, la gestión del conocimiento se convierte en una herramienta crucial para mantener la competitividad y la relevancia.

Recuerdo mi primer viaje al polígono industrial Plaza en Zaragoza, donde me explicaron que, en 2003, Zaragoza Logistics Center (ZLC), una institución académica y de investigación en logística, decidió enfrentarse a un desafío: mejorar la eficiencia en la gestión de la cadena de suministro. ZLC se dio cuenta de que el conocimiento acumulado por sus investigadores y profesionales podía ser una ventaja competitiva significativa si se gestionaba adecuadamente.

La solución fue implementar un sistema integral de gestión del conocimiento que permitiera la recopilación, análisis y compartición de datos y experiencias. ZLC desarrolló una plataforma online donde se almacenaban estudios de casos, mejores prácticas y modelos de simulación. Además, se fomentó una cultura de colaboración entre investigadores y profesionales del sector para compartir conocimientos en tiempo real.

Utilizando los conocimientos acumulados y las herramientas desarrolladas, ZLC ayudó a una importante cadena de supermercados a reducir sus costos de inventario en un 15% en solo un año. La clave fue aplicar el conocimiento compartido para optimizar los procesos y ajustar las estrategias según las necesidades cambiantes del mercado.

**La gestión del conocimiento en la práctica: Estrategias y herramientas**

Para que la gestión del conocimiento sea eficaz, es crucial adoptar estrategias y herramientas adecuadas. A continuación, se presentan algunas prácticas clave que pueden ayudar a las empresas a mejorar su agilidad a través de una gestión del conocimiento eficiente.

1. **Creación de una cultura de compartir.** Fomentar un entorno en el que los empleados se sientan cómodos compartiendo sus conocimientos y experiencias es fundamental; la creencia de que la información es poder ha jugado mucho en nuestra contra. Esto se puede lograr mediante la creación de plataformas colaborativas, como intranets y foros internos, donde los empleados puedan contribuir con sus ideas y aprender de los demás.

2. **Implementación de herramientas de gestión del conocimiento**. Utilizar herramientas tecnológicas como sistemas de gestión de contenido, bases de datos y plataformas de colaboración puede facilitar la captura y el acceso al conocimiento. Herramientas como Microsoft SharePoint o Google Drive permiten a los equipos almacenar, organizar y compartir información de manera eficiente.

3. **Capacitación y desarrollo continuo.** La formación continua es clave para asegurar que el conocimiento se mantenga actualizado y relevante. Las empresas deben invertir en programas de capacitación que permitan a los empleados adquirir nuevas habilidades y conocimientos que puedan aplicarse en su trabajo diario.

4. **Análisis y mejora continua.** La gestión del conocimiento no es un proceso estático. Es importante analizar regularmente la efectividad de las estrategias y herramientas utilizadas, y hacer ajustes según sea necesario. Esto puede incluir la evaluación de la calidad del conocimiento compartido, la identificación de áreas de mejora y la implementación de cambios basados en los comentarios de los empleados.

A pesar de los beneficios, la gestión del conocimiento se enfrenta a varios desafíos. Entre ellos se encuentran la resistencia al cambio, la dificultad para capturar conocimientos tácitos (conocimientos que no están documentados) y la necesidad de mantener el conocimiento actualizado y relevante.

El **perfil en T** es una metáfora que describe un tipo de habilidad y conocimiento en el contexto de un individuo dentro de una organización. Este modelo tiene dos componentes principales:

1. **La Barra Horizontal (T).** Representa el **conocimiento amplio** en múltiples áreas o disciplinas. Un individuo con un perfil en T tiene una comprensión general de varios aspectos del trabajo o del sector, lo que le permite colaborar con diferentes equipos y adaptarse a diversos roles.

2. **La Barra Vertical (T).** Representa la **profundidad de conocimiento** en un área específica. Este aspecto del perfil destaca la especialización y experiencia profunda en un campo concreto, lo que le permite al individuo aportar un alto nivel de especialización en esa área particular.

Atlassian, una empresa australiana conocida por sus herramientas de colaboración como Jira y Confluence, es un ejemplo destacado de la aplicación de perfiles en T. En Atlassian, los equipos valoran tanto la especialización como la versatilidad. Los empleados son incentivados a desarrollar habilidades técnicas profundas en sus áreas de especialización (la barra vertical) al mismo tiempo que se les anima a adquirir conocimientos generales sobre otras áreas de la empresa (la barra horizontal).

Por ejemplo, un ingeniero de software en Atlassian puede tener un profundo conocimiento en desarrollo de software (barra vertical), pero también se espera que tenga una comprensión de los procesos de negocio, gestión de proyectos y colaboración entre equipos (barra horizontal). Esto no solo permite una mayor flexibilidad en los roles y responsabilidades, también fomenta una cultura de colaboración interdisciplinaria.

## APRENDIZAJES DEL CAPÍTULO

La gestión del conocimiento es una metacompetencia esencial para cualquier empresa que aspire a ser ágil y competitiva en el entorno empresarial actual.

Al permitir una captura y aplicación eficiente del conocimiento, las empresas pueden mejorar su capacidad para innovar, adaptarse a los cambios y tomar decisiones informadas.

A través de estrategias como la creación de una cultura de compartición, la implementación de herramientas adecuadas y la capacitación continua, las organizaciones pueden superar desafíos y aprovechar el conocimiento como un activo estratégico.

# TOMAR DECISIONES BASADAS EN DATOS

En un reino lejano, un rey estaba preocupado por la salud de su reino. El clima había cambiado y las cosechas no estaban prosperando como solían hacerlo. Decidió convocar a los sabios del reino para que le dieran consejo sobre cómo mejorar la situación.

Los sabios llegaron y, en lugar de apresurarse a dar recomendaciones basadas en su intuición o en antiguos textos, el rey les pidió que recolectaran datos sobre las condiciones actuales: el clima, el tipo de suelo, las prácticas agrícolas y las variedades de cultivos. El rey quería conocer todos los hechos antes de tomar una decisión.

El primer sabio propuso una solución rápida basada en antiguos métodos, pero el rey le pidió que esperara.

El segundo sabio sugirió experimentar con diferentes tipos de cultivos sin considerar el impacto del clima. Pero el rey insistió en que esperaran hasta tener toda la información.

Entonces, el rey pidió a los sabios que volvieran a recolectar datos detallados: midieron la humedad del suelo, analizaron los patrones climáticos, entrevistaron a los agricultores sobre sus prácticas y recolectaron información sobre las variedades de cultivos que habían sido más exitosas en condiciones similares en el pasado.

Después de un tiempo, los datos fueron analizados y presentados. Los sabios descubrieron que ciertos cultivos eran más resistentes a las nuevas condiciones climáticas y que ciertos métodos de cultivo, adaptados a las condiciones actuales, serían más eficaces. Basándose en estos datos, los sabios recomendaron cambios específicos en las prácticas agrícolas y la introducción de nuevas variedades de cultivos.

El rey implementó las recomendaciones basadas en datos y, con el tiempo, las cosechas mejoraron sensiblemente. El reino prosperó de nuevo y el rey fue alabado por su sabiduría al tomar decisiones basadas en datos concretos en lugar de en suposiciones o métodos antiguos.

Fábula popular.

Tomar decisiones basadas en datos implica utilizar información concreta y cuantificable para orientar las decisiones empresariales. Esto se basa en el análisis de datos para entender patrones, prever tendencias y hacer recomendaciones fundamentadas. A diferencia de las decisiones basadas en intuiciones o supuestos, las decisiones basadas en datos permiten una mayor precisión y reducción de riesgos.

En el contexto ágil, la toma de decisiones basada en datos es esencial para adaptarse rápidamente a los cambios del mercado, optimizar recursos y mejorar continuamente. Permite a las empresas actuar de manera proactiva en lugar de reactiva, utilizando información para anticipar problemas y aprovechar oportunidades antes que sus competidores.

Vuelvo a Netflix y hago de nuevo referencia al libro *Aquí no hay reglas*. La empresa utiliza el análisis de datos para todo, desde la recomendación de contenido hasta la producción de nuevas series y películas.

Netflix recopila datos extensivos sobre los hábitos de visualización de sus usuarios, como el tiempo que pasan viendo ciertos programas, los episodios que omiten y las calificaciones que dan. Esta información se utiliza para hacer recomendaciones personalizadas y para decidir qué contenido producir o adquirir.

En 2016, Netflix utilizó datos de visualización para decidir la producción de la serie original *Stranger Things*. La compañía observó un creciente interés en la nostalgia de los años 80 y en el género de ciencia ficción. Utilizando esta información, Netflix encargó la serie y se aseguró de que el contenido estuviera alineado con las preferencias de su audiencia objetivo. La serie se convirtió en un éxito mundial y atrajo a millones de nuevos suscriptores.

**Estrategias para implementar la toma de decisiones basadas en datos**

Implementar una estrategia eficaz de toma de decisiones basada en datos requiere una combinación de tecnologías, procesos y cultura organizacional. A continuación, se presentan algunas estrategias clave para lograrlo.

1. **Establecer una cultura de datos.** Para que la toma de decisiones basada en datos sea eficiente, es fundamental que toda la organización valore y utilice los datos. Esto implica fomentar una cultura en la que los datos sean accesibles, comprensibles y utilizados en la toma de decisiones diarias.

2. **Invertir en tecnología de análisis de datos.** La implementación de herramientas de análisis de datos y plataformas de inteligencia empresarial es esencial para recopilar, procesar y visualizar la información de manera correcta. Herramientas como Tableau, Power BI o Google Analytics pueden facilitar el análisis y la interpretación de datos.

3. **Capacitar al personal.** Asegurarse de que los empleados tengan las habilidades necesarias para interpretar y utilizar los datos es clave. Esto incluye la capacitación en análisis de datos, interpretación de informes y uso de herramientas de visualización.

4. **Establecer indicadores clave de rendimiento (KPI).** Definir KPIs claros y relevantes ayuda a medir el rendimiento y evaluar la efectividad de las decisiones basadas en datos. Los KPIs deben estar alineados con los objetivos estratégicos de la empresa y permitir una evaluación precisa del éxito.

5. **Fomentar la experimentación y el aprendizaje continuo.** La toma de decisiones basada en datos no es un proceso estático. Las empresas deben estar dispuestas a experimentar con nuevas estrategias y ajustar sus filosofías en función de los datos y los resultados obtenidos.

**DINÁMICA PRÁCTICA PARA DESARROLLAR LA METACOMPETENCIA TOMA DECISIONES CON DATOS**

Imaginemos que estás trabajando con un equipo de marketing en una empresa de retail. El caso de estudio podría ser optimizar una campaña de publicidad en redes sociales. Los datos proporcionados incluirían métricas de rendimiento de anuncios, como clics, conversiones y costo por adquisición.

1. **Distribución de datos.** Entregas un informe con métricas de rendimiento de varias campañas de publicidad en diferentes plataformas sociales.

2. **Análisis de datos.** Los grupos analizan los datos para identificar qué plataformas están generando el mejor retorno de inversión (ROI) y cuáles tienen un alto costo por conversión.

3. **Desarrollo de recomendaciones.** Basado en el análisis, un grupo podría recomendar aumentar el presupuesto en la plataforma que ofrece el mejor ROI y reducir el gasto en la que tiene un bajo rendimiento. Otro grupo podría sugerir ajustar los anuncios para mejorar la tasa de conversión en la plataforma menos eficiente.

4. **Presentaciones y debate.** Cada grupo presenta sus recomendaciones y explica cómo los datos respaldan sus sugerencias. La discusión abierta permite evaluar la viabilidad de las recomendaciones y considerar ajustes adicionales.

5. **Reflexión y cierre.** Los participantes reflexionan sobre cómo la toma de decisiones basada en datos puede

mejorar la eficacia de las campañas y cómo aplicar este planteamiento a otras áreas de marketing.

## APRENDIZAJES DEL CAPÍTULO

Desarrollar la competencia tomar decisiones basadas en datos es imprescindible en un entorno tecnológico como el actual. Al utilizar datos para guiar decisiones estratégicas y operativas, las organizaciones pueden mejorar su capacidad para adaptarse a los cambios del mercado, optimizar recursos y tomar decisiones más informadas.

Al establecer una cultura de datos, invertir en tecnología, capacitar al personal y definir KPIs claros, las empresas pueden aprovechar al máximo el potencial de los datos para mejorar su agilidad y éxito en el mercado.

A medida que la tecnología y el entorno empresarial continúen evolucionando, la capacidad de tomar decisiones basadas en datos seguirá siendo aún más importante para la agilidad empresarial.

# CALIDAD RELACIONAL

En una aldea tranquila vivía una oveja que era conocida por ser muy mansa y amable. Siempre pasaba el tiempo pastando en el campo y era amiga de todos los demás animales. Entre ellos, había un perro de gran tamaño que cuidaba el rebaño de ovejas y mantenía alejados a los depredadores.

Un invierno especialmente duro, la aldea fue golpeada por una tormenta de nieve que cubrió todo con una capa gruesa y fría. La comida era escasa y el viento gélido hacía que los animales buscaran refugio en cualquier lugar cálido. La oveja, a pesar de su tamaño pequeño y su simple vida, había acumulado un poco de heno y comida para los días difíciles, mientras que el perro, cuyo trabajo hacía que pasase todo el tiempo fuera, había acumulado menos.

La tormenta se intensificó y el perro encontró que el frío era más intenso de lo que había imaginado. Se encontraba exhausto y helado, y no sabía cómo conseguir comida o refugio.

La oveja, al ver la difícil situación del perro, decidió actuar. Aunque su propio espacio y provisiones eran limitadas, compartió generosamente su comida y su refugio. Invitó al perro a entrar en su cálido cobertizo, donde podría descansar y recuperarse del frío.

El perro, conmovido por la bondad de la oveja, se sintió abrumado de gratitud. Agradeció profundamente la amabilidad de la oveja, que le había ofrecido ayuda sin esperar nada a cambio. La oveja, por su parte, encontró una honda satisfacción en haber ayudado a un amigo en necesidad.

La tormenta pasó y el perro volvió a su trabajo, pero siempre recordó la calidez y la generosidad de la oveja. La amistad entre ambos animales se fortaleció y el perro nunca dejó de proteger a la oveja con aún más dedicación, sintiendo que era su deber honrar el regalo de la amistad que ella le había ofrecido.

La **calidad relacional** se refiere a la habilidad de desarrollar relaciones interpersonales que son abiertas, confiables y colaborativas. En un contexto Agile, donde la colaboración constante y la adaptación rápida son esenciales, la calidad de estas relaciones impacta directamente en la efectividad del equipo y en la capacidad de la empresa para adaptarse a nuevas situaciones.

La metacompetencia en calidad relacional abarca varios aspectos:

1. **Comunicación eficaz.** La capacidad de compartir información clara y abiertamente.

2. **Empatía.** Entender y valorar las perspectivas y emociones de los demás.

3. **Confianza.** Construir un ambiente en el que los miembros del equipo se sientan seguros y valorados.

4. **Resolución de conflictos.** Manejar desacuerdos de manera constructiva y sin perjudicar la cohesión del equipo.

Joan Quintana, en su obra *Equipos Evo*, destaca la importancia de estas habilidades para el desarrollo de equipos eficientes. Según Quintana, un líder ágil debe promover un ambiente donde la comunicación fluida y la confianza mutua sean la norma, no la excepción.

En una startup del sector tecnológico, el equipo de desarrollo de software trabajaba bajo una metodología Agile. La calidad relacional era esencial para su éxito. El equipo se reunía diariamente en reuniones de pie para revisar el progreso, discutir problemas y ajustar prioridades.

Una de las prácticas implementadas fue la de promover una comunicación abierta y honesta. El líder del equipo aprendió la importancia de la empatía y la confianza, creó un espacio seguro donde los miembros del equipo se sentían cómodos compartiendo sus desafíos y errores sin temor a represalias. Esta práctica mejoró la moral del equipo, aceleró la resolución de problemas y aumentó la calidad del software entregado.

Durante una fase crítica del desarrollo de un nuevo producto, el equipo se enfrentó a un desafío técnico importante. En otras ocasiones se buscaban culpables si no se resolvía a la primera o se tardaba en encontrar propuestas. El equipo organizó una sesión de retroalimentación abierta para identificar la causa raíz del problema y proponer soluciones. Esta sesión permitió a los miembros del equipo expresar sus preocupaciones y sugerencias de manera constructiva, resultando en una solución eficiente que resolvió el problema sin dañar la cohesión del equipo.

Otro ejemplo. En una empresa de consumo, el equipo de marketing trabajaba en campañas que debían adaptarse rápidamente a las tendencias del mercado. La calidad relacional dentro del equipo es crucial para coordinar esfuerzos y responder con agilidad a las demandas cambiantes.

Para mejorar la colaboración, el equipo implementó sesiones de retrospectivas regulares donde todos los miembros podían aportar ideas y opiniones. Además, se instauró un sistema de retroalimentación continua en el que cada miembro del equipo recibe y ofrece comentarios constructivos sobre el trabajo de los demás. Este tipo de prácticas promueve la confianza y el respeto mutuo, esenciales para un ambiente productivo y de bienestar.

Durante una campaña de lanzamiento de producto, el equipo de marketing experimentó un cambio inesperado en la dirección creativa debido a una nueva tendencia en redes sociales. Gracias a la alta calidad relacional dentro del equipo, todos los miembros pudieron adaptarse rápidamente al nuevo planteamiento. La comunicación abierta y la confianza previa permitieron al equipo reconfigurar la estrategia sin conflictos, dando como resultado una campaña exitosa que capturó la atención del público objetivo.

## APRENDIZAJES DEL CAPÍTULO

En un entorno Agile, donde la colaboración constante es esencial, la calidad de las relaciones interpersonales impacta directamente en el éxito del equipo y de la empresa.

La empatía fortalece la cohesión del equipo, mientras que la confianza genera un ambiente propicio para la innovación y el aprendizaje.

Abordar desacuerdos de manera positiva fortalece la dinámica del equipo en lugar de fragmentarla.

Las crisis técnicas o estratégicas son oportunidades para reforzar la calidad relacional y mejorar procesos.

La calidad relacional no es un complemento, sino un componente esencial de las competencias ágiles. Desarrollarla requiere integrar habilidades emocionales y relacionales en los valores, las prácticas y la cultura del equipo. Al hacerlo, se potencia la capacidad del equipo para adaptarse, innovar y entregar valor de manera constante.

# COMPETENCIAS TÉCNICAS

En un pueblecito, un anciano carpintero llamado Geppetto construyó un muñeco de madera muy especial. Le dio vida con un deseo sincero, y el muñeco, a quien llamó Pinocho, se convirtió en un niño vivaz pero muy inexperto en el mundo real.

Geppetto estaba feliz de tener a Pinocho en su vida, pero se preocupaba porque el pequeño muñeco tenía muchas dificultades para aprender las habilidades necesarias para vivir en el mundo real. Pinocho se encontraba a menudo en problemas, no porque le faltara deseo, sino porque no sabía cómo manejar las situaciones nuevas que se le presentaban.

Un día, Geppetto decidió que la mejor manera de ayudar a Pinocho era enseñarle las competencias técnicas esenciales que necesitaría. Así que lo llevó a su taller, un lugar lleno de herramientas y materiales. Le explicó a Pinocho cómo usar cada herramienta con precisión y cómo aplicar las técnicas de carpintería que él había perfeccionado a lo largo de los años.

Pinocho, aunque ansioso por aprender, se enfrentó a varias dificultades. No entendía bien cómo medir con precisión o cómo usar una sierra sin dañar la madera. Sin embargo, Geppetto, con paciencia y dedicación, le mostró una y otra vez cómo realizar cada tarea. Le enseñó la importancia de la práctica, la atención al detalle y el aprendizaje continuo.

Con el tiempo, Pinocho comenzó a comprender mejor las herramientas y técnicas. Empezó a realizar pequeños proyectos por sí mismo, y sus habilidades mejoraron con la práctica. Pinocho aprendió a usar las herramientas correctamente y, a su vez, comprendió cómo aplicar su conocimiento para resolver problemas y crear cosas nuevas.

Un día, después de mucho esfuerzo y práctica, Pinocho construyó una hermosa caja de madera. Geppetto estaba muy orgulloso, no solo por la calidad del trabajo, sino por el esfuerzo y la dedicación que Pinocho había puesto en aprender y mejorar sus competencias técnicas.

Pinocho, al darse cuenta de lo lejos que había llegado, entendió que el verdadero valor de aprender competencias técnicas no solo estaba en la habilidad en sí, sino en el proceso de crecimiento personal y la satisfacción de superar desafíos. Con sus nuevas habilidades, se convirtió en un miembro valioso de la comunidad, creando y reparando cosas que mejoraban la vida de quienes lo rodeaban.

Versión de *Pinocho*, de Carlo Collodi, adaptada por Antonio Cano.

La maestría técnica es una competencia esencial para cualquier equipo que busque ser más eficiente. Adoptar marcos de trabajo ágiles como Scrum o Kanban es solo un primer paso hacia la agilidad. La verdadera transformación ocurre cuando los equipos integran competencias técnicas que permiten la entrega de valor constante, el desarrollo iterativo e incremental y que mantienen un ritmo de trabajo sostenible. En este capítulo, exploraremos las competencias clave que facilitan la agilidad técnica y cómo se integran en el marco de Scrum Manager (entidad certificadora Scrum) para maximizar el valor entregado a los clientes.

**Agile Institute** ha creado programas formativos para dar respuesta a la adquisición de conocimiento y las primeras prácticas en los marcos de trabajo y los principales roles de la agilidad.

La entrega de valor es el núcleo de cualquier plateamiento ágil. **En Agile Institute** enfatizamos en la importancia de proporcionar resultados útiles de manera continua, asegurando que cada iteración incremente el valor entregado al cliente. Esto se logra a través del desarrollo iterativo e incremental, una estrategia en la que los equipos construyen el producto en pequeñas partes funcionales que se mejoran y amplían con el tiempo.

Tomemos como ejemplo el desarrollo de una aplicación de gestión financiera. En lugar de intentar construir toda la aplicación de una vez, el equipo Scrum decide centrarse en desarrollar y entregar un módulo básico de seguimiento de gastos. Esta primera iteración proporciona valor inmediato al usuario y permite al equipo recibir retroalimentación temprana, lo que facilita ajustes rápidos y evita la acumulación de problemas técnicos.

Actualmente estoy participando como Product Owner con un equipo de desarrollo para desarrollar una aplicación escritorio para un servicio técnico de una industria química. El proyecto inicial no era posible que lo asumiera el cliente por el alcance y el coste, así que ha sido descartado en varias ocasiones por temas presupuestarios.

Propusimos desarrollarlo en sprints y construimos un mínimo producto viable que permitirá dar el servicio al cliente y mejorar la calidad actual. En un segundo sprint añadiríamos funcionalidades como el calendario o la sincronización al correo.

En la actualidad, en cada sprint el cliente y el servicio técnico ya están utilizando la aplicación y vamos recogiendo información de los clientes antes de iniciar el siguiente.

### Ritmo sostenible y flujos de trabajo

Una de las lecciones más valiosas que aprendí en mi experiencia ágil es la importancia de mantener un ritmo sostenible. En el marco de Scrum Manager, esto se refiere a establecer flujos de trabajo que eviten la sobrecarga del equipo y fomenten un equilibrio saludable entre la vida laboral y personal. Un ritmo sostenible previene el agotamiento y mejora la calidad del trabajo y la moral del equipo.

En una empresa con la que colaboré, el equipo inicialmente trabajaba largas horas para cumplir con los plazos. Aunque lograban entregar a tiempo los incrementos de producto, la calidad de los entregables comenzó a decaer y la moral del equipo se desplomó. Al implementar una visión más sostenible donde se respetaban los límites de tiempo y se priorizaba la calidad sobre la cantidad, el equipo no solo mejoró en rendimiento, sino que también se sintió más motivado y comprometido con el proyecto. El flujo de trabajo se volvió más predecible y eficiente, y el equipo pudo mantener un ritmo constante de entregas sin sacrificar su bienestar.

### Atención continua a la excelencia y operativa visible

Otra competencia técnica esencial es la atención continua a la excelencia. La excelencia técnica no es un estado final. Es un proceso continuo de mejora continua para mantener el nivel de calidad óptimo. Esto significa que los equipos deben estar constantemente evaluando y mejorando sus prácticas de desarrollo, calidad de código y métodos de prueba. La operativa visible se alinea con esta atención a la excelencia, promoviendo la transparencia en el trabajo diario del equipo.

Muchos equipos de servicio han optado por un sistema de tickets, pero no colaboran entre sí. En un equipo de IT en una conocida empresa de alimentación a la que acompañamos desde hace unos años (gracias al equipo de Joan) optaron por una filosofía de «operativa visible», utilizando el sistema Kanban para hacer visible todo el trabajo en curso. Esto permitió a todos en el equipo ver exactamente en qué estaban trabajando los demás, identificar cuellos de botella y colaborar para mejorar el flujo de trabajo. Esta atención continua hacia la excelencia ayudó al equipo a reducir significativamente el número de tickets en cola.

Les felicito, es todo un hito. Hace un par de años decían que no era posible.

### Cadencia y sincronización global

La cadencia (es un concepto que me encanta ya que soy muy seguidor del ciclismo) o el ritmo regular de las reuniones y eventos del equipo, sirve para asegurar que todos los miembros del equipo estén sincronizados y alineados hacia los mismos objetivos. La sincronización global implica coordinar no solo dentro de un equipo, sino entre múltiples equipos que trabajan en un mismo producto o proyecto.

### Dominio de metodologías y marcos de trabajo

Por último, el dominio de las metodologías ágiles es una competencia técnica que no puede ser subestimada. Entender profundamente Scrum y otras metodologías como Kanban o Lean permite a los equipos seleccionar y combinar las prácticas que mejor se adapten a su contexto.

**APRENDIZAJES DEL CAPÍTULO**

Las metacompetencias técnicas son muy importantes para un equipo ágil exitoso.

Desde la entrega de valor constante hasta el desarrollo iterativo e incremental, pasando por el mantenimiento de un ritmo sostenible y la atención continua a la excelencia, cada competencia juega un papel crucial en la mejora de la agilidad de un equipo.

Integrar estos principios dentro del marco de trabajo maximiza el rendimiento del equipo y garantiza la entrega de un valor real y sostenido a los clientes.

No se trata de seguir un conjunto de reglas, sino de embarcarse en un viaje continuo de aprendizaje, adaptación y mejora. Y es este viaje, no la metodología, lo que lleva a los equipos a ser más ágiles.

# COMUNICACIÓN EFICIENTE

Entro en el despacho de un cliente por primera vez para conocer a un equipo ejecutivo y todos estaban hablando al mismo tiempo; las ideas se cruzaban y, al final de la reunión, nadie estaba seguro de cuáles eran los siguientes pasos. ¿Te suena familiar? Este caos comunicativo es precisamente lo que la comunicación eficiente busca evitar en un entorno ágil.

En un equipo ágil, la comunicación no es un evento aislado que ocurre solo durante las reuniones. Es un proceso continuo, dinámico y adaptativo que fluye a través de cada interacción. Para ser verdaderamente ágiles, debemos ser maestros en comunicar nuestras ideas de manera clara, concisa y adaptable. Pero aquí está el truco: no todos nos comunicamos de la misma manera. Y ahí es donde entra en juego la capacidad de adaptar nuestra comunicación al interlocutor.

Una de las herramientas más poderosas que he encontrado para entender y mejorar la comunicación en equipos ágiles es el modelo DISC. Recuerda que no todos los test son igual de eficientes y el contexto es muy importante para que sean útiles.

Este modelo clasifica los estilos de comunicación en cuatro tipos principales: Dominante, Influyente, Estable y Cumplidor. Cada tipo tiene sus propias características, preferencias y desafíos comunicativos

Recuerdo una formación reciente de líderes[1] en la que un mando era un claro tipo «D» (dominante) Durante las reuniones de planificación, solía decir: «¡Vamos al grano! ¿Cuál es el plan?».

Al principio, esto creaba tensión con algunos miembros del equipo más «S» (estable), que preferían un ambiente más reflexivo y colaborativo. La solución fue adaptar la comunicación: cuando se hablaba con él, íbamos directos al asunto en cuestión, mientras que, con el resto del equipo, nos asegurábamos de proporcionar contexto y crear un espacio para la colaboración. Esto mejoró la moral del equipo y aceleró sensiblemente el proceso de aprendizaje.

Una vez escuché a un colega decir: «La diferencia entre oír y escuchar es la misma que hay entre "sí" y "¡sí, claro!"». Y aunque lo dijo en tono de broma, hay mucha verdad en esa observación. En la comunicación ágil, la escucha activa es esencial. No se trata solo de oír lo que se dice, sino de entender de verdad el mensaje, hacer preguntas aclaratorias y responder de manera que la otra persona se sienta valorada y comprendida.

---

[1] Gracias, Olga, aprendí mucho con vosotros.

La escucha activa tiene tres componentes clave: atención, comprensión y respuesta. Durante una retrospectiva de equipo, uno de los desarrolladores, un tipo «C» (cumplidor), expresó su frustración porque sentía que sus preocupaciones sobre la calidad del código no estaban siendo escuchadas. En lugar de saltar a la defensiva, practicamos la escucha activa: «Entiendo que te preocupa que la calidad se vea amenazada. ¿Podrías darnos un ejemplo específico?».

Esta respuesta validó su sentimiento y abrió la puerta para una discusión constructiva sobre cómo podríamos mejorar nuestras prácticas.

Existen numerosas herramientas que pueden ayudar a mejorar la comunicación en los equipos ágiles. Algunas de las más efectivas incluyen:

- **Feedback constructivo.** Promueve una cultura de retroalimentación regular y constructiva, no solo para corregir errores, también para reconocer éxitos y fomentar el crecimiento personal.
- **Reuniones diarias (Daily Stand-ups).** Estas reuniones cortas permiten al equipo sincronizarse, discutir bloqueos y planificar el día de manera eficiente.
- **Tableros visuales (Kanban, Scrum Boards).** Ayudan a hacer visible el trabajo y fomentar una comunicación transparente sobre el estado de las tareas.
- **Workshops de comunicación.** Organizar talleres para mejorar la comunicación interpersonal y el entendimiento de los estilos DISC puede ser altamente beneficioso.

No subestimemos el poder del humor en la comunicación ágil. Un ambiente relajado donde las personas se sienten libres para bromear y reír es un ambiente donde la comunicación fluye más libremente y las ideas se comparten con mayor facilidad.

Una vez, durante una retrospectiva, comenzamos con un juego simple: cada persona tenía que contar un chiste relacionado con la tecnología.

Mi favorito fue el del más introvertido del equipo, que dijo:

«¿Cuál es el superpoder de un Scrum Master? ¡Hacer que todo parezca parte del sprint planificado!».

Espero que este te saque una sonrisa. ¡El humor ágil sigue mejorando!

## APRENDIZAJES DEL CAPÍTULO

La comunicación eficiente es más que solo hablar y escuchar. Es una metacompetencia que, cuando se cultiva adecuadamente, puede transformar un equipo y llevarlo a nuevos niveles de agilidad.

Utilizar herramientas como DISC para entender y adaptarse a los diferentes estilos de comunicación en el equipo genera fluidez en el equipo.

Practicar la escucha activa para comprender profundamente a los interlocutores y fomentar un ambiente de comunicación abierta y constructiva es esencial para ganar agilidad.

Adaptar la comunicación a los motivadores individuales puede mejorar la cohesión y el compromiso del equipo.

Utilizar herramientas y prácticas ágiles como reuniones diarias, feedback constructivo y tableros visuales genera transparencia y eleva la eficiencia comunicativa

Fomentar un ambiente de trabajo donde el humor y la ligereza sean bienvenidos puede mejorar la comunicación y la creatividad organizativa.

# LIDERAZGO ÁGIL

Podríamos escribir un libro solo sobre esta metacompetencia. Ya hay bastante bibliografía que os mencionaré al finalizar el capítulo.

Uno de mis primeros jefes era militar. Su estilo de liderazgo era controlador y jerárquico. Le dedico a él este capítulo, puesto que es posiblemente uno de los profesionales de los que más he aprendido. Ese estilo aprendido en su etapa en el ejercito lo aplicaba a los equipos con los que trabajaba. Pensaba que todas las personas del equipo estaban muy en consonancia con él, pero todo cambiaba cuando salía por la puerta.

El liderazgo tradicional ha funcionado muy bien en unos entornos concretos durante el siglo pasado. A menudo se centra en el control y la dirección. Los líderes planifican, organizan y supervisan las actividades, tomando decisiones clave y asegurándose de que los equipos sigan un camino predefinido. Sin embargo, en un entorno ágil, este modelo de liderazgo se queda corto. La agilidad introduce un cambio fundamental: el liderazgo ya no es una cuestión de control, sino de facilitación.

En un entorno ágil, los líderes deben dejar de ser controladores para convertirse en facilitadores del cambio y la mejora continua. Deben ser como directores de orquesta que coordinan, no como sargentos que dictan.

Esto requiere un conjunto diferente de habilidades y competencias. Un líder ágil debe ser capaz de:

1. **Fomentar la autonomía.** En lugar de decirle a la gente qué hacer, un líder ágil empodera a los equipos para que tomen sus propias decisiones.

2. **Facilitar la colaboración.** El líder ágil crea un entorno donde la colaboración y la comunicación abierta son la norma.

3. **Promover la adaptabilidad.** En lugar de adherirse rígidamente a un plan, el líder ágil fomenta la flexibilidad y la capacidad de adaptarse rápidamente a los cambios.

Para entender mejor cómo liderar con agilidad, es útil explorar los diferentes tipos de líderes que encontramos en los entornos ágiles. Cada uno de estos tipos aporta una visión única al liderazgo y contribuye de diferentes maneras a la agilidad del equipo.

- **El líder servidor.** Este tipo de líder se centra en servir al equipo. Su objetivo principal es eliminar obstáculos, proporcionar recursos y crear un entorno donde el equipo pueda prosperar. Un líder servidor no busca estar en el centro de atención; en cambio, trabaja detrás de escena para garantizar que el equipo tenga lo que necesita para tener éxito.

- **El líder facilitador.** Este líder se centra en facilitar la colaboración y la toma de decisiones dentro del equipo. Ayuda a los miembros del equipo a comunicarse de manera más eficiente, fomenta la discusión abierta y asegura que todos tengan una voz. Un líder facilitador es como un mediador que guía al equipo hacia soluciones consensuadas.

- **El líder visionario.** Este líder proporciona dirección y propósito al equipo. Aporta una visión clara y atractiva de lo que el equipo puede lograr y ayuda a los miembros del equipo a ver cómo su trabajo contribuye a esta visión. El líder visionario inspira al equipo a alcanzar sus metas, no a través de la coerción, sino a través del entusiasmo y la convicción.

En una de las organizaciones con las que trabajé, había un líder llamado Carlos que al principio tuvo dificultades para adaptarse a un planteamiento ágil. Acostumbrado a un estilo de liderazgo más tradicional y directivo, Carlos luchaba por soltar y permitir que su equipo tomara más decisiones por sí mismo. Estaba tan acostumbrado a tomar el control y a dar instrucciones detalladas que, a menudo, sin quererlo, sofocaba la creatividad y la autonomía del equipo.

Un día, durante un feedback, una persona del equipo expresó que se sentía limitada porque no podía tomar decisiones importantes sin la aprobación de Carlos. Esta fue una revelación para él. Se dio cuenta de que su punto de vista estaba impidiendo que el equipo fuera verdaderamente ágil. Decidió cambiar su estrategia y comenzó a delegar más y empoderar a los miembros del equipo para que tomaran decisiones por sí mismos.

Los primeros días fueron difíciles. Carlos se sentía incómodo y sin control sobre la situación. Sin embargo, con el tiempo, vio como su equipo florecía. Los desarrolladores se volvieron más proactivos, comenzaron a tomar más la iniciativa y la moral del equipo mejoró notablemente. Al final, Carlos se dio cuenta de que, al soltar, no estaba perdiendo el control, sino ganando a un equipo más fuerte y comprometido.

Cada líder ha de encontrar su camino y no existen recetas mágicas, pero os dejo algunos tips esenciales para liderar con agilidad.

1. **Practica la humildad.** Un líder ágil no tiene todas las respuestas. Está dispuesto a aprender de los demás y a admitir cuándo no sabe algo. Esto fomenta una cultura de aprendizaje continuo dentro del equipo.

2. **Fomenta la transparencia.** La transparencia es clave en un entorno ágil. Comparte información abiertamente con el equipo y fomenta un ambiente donde todos se sientan cómodos compartiendo sus pensamientos e ideas.

3. **Sé un ejemplo de adaptabilidad.** Como líder, debes ser un ejemplo de adaptabilidad. Muestra al equipo que estás dispuesto a cambiar y adaptarte según sea necesario.

4. **Construye y comparte un entorno seguro.** Asegúrate de que tu equipo se sienta seguro para tomar riesgos, cometer errores y aprender de ellos. Un entorno seguro fomenta la innovación y el crecimiento.

5. **Utiliza historias y metáforas.** A veces, las ideas ágiles pueden ser difíciles de entender. Utiliza historias y metáforas para hacer que los conceptos sean más accesibles y comprensibles.

La agilidad introduce varios cambios significativos en la filosofía del liderazgo. En lugar de centrarse en el control y la supervisión, los líderes ágiles se centran en la facilitación, la comunicación abierta y el empoderamiento. Este planteamiento no solo mejora la moral del equipo y la colaboración, sino que también permite una mayor adaptabilidad y capacidad de respuesta en un entorno en constante cambio.

Otro cambio significativo es el énfasis en la mejora continua. Los líderes ágiles no están satisfechos con el *statu quo*. Siempre buscan maneras de mejorar los procesos, la comunicación y la eficiencia del equipo. Esta concentración en la mejora continua ayuda a mantener al equipo enfocado en la calidad y en la entrega de valor de manera constante.

## APRENDIZAJES DEL CAPÍTULO

El liderazgo ágil se centra en la facilitación, no en el control. Los líderes ágiles empoderan a sus equipos y fomentan la colaboración y la adaptabilidad.

Los líderes ágiles pueden ser servidores, facilitadores o visionarios, cada uno con un enfoque único para guiar a sus equipos hacia el éxito.

Un líder ágil debe ser un buen comunicador, un oyente activo, un facilitador del cambio, y un coach eficaz.

Herramientas como Kanban personal, feedback continuo, retrospectivas y perfiles de personalidad pueden ayudar a los líderes ágiles a ser más efectivos

Practicar la humildad, fomentar la transparencia, ser un ejemplo de adaptabilidad, crear un entorno seguro y utilizar historias y metáforas son estrategias efectivas para liderar con agilidad.

El liderazgo ágil es tanto un arte como una ciencia. Requiere una combinación de habilidades técnicas, competencias interpersonales, y una mentalidad de mejora continua. Al desarrollar estas habilidades y adoptar una mentalidad ágil, los líderes pueden no solo mejorar su propio desempeño, sino también impulsar a sus equipos a alcanzar nuevos niveles de éxito y agilidad.

# COMPROMISO Y BIENESTAR

La cultura ágil no se trata solo de procesos y herramientas; se trata también de personas y cómo se sienten en su trabajo. La Meta-competencia de compromiso y bienestar es fundamental para crear equipos ágiles de alto rendimiento. Estamos hablando de trabajar duro y cumplir con el plazo previsto pero priorizando un entorno donde los miembros del equipo estén realmente comprometidos, sientan un sentido de propósito y disfruten de bienestar emocional.

En este capítulo, exploraremos cómo el compromiso y el bienestar son esenciales para la agilidad, cómo crear un ambiente de trabajo positivo y cómo utilizar herramientas y prácticas de la psicología positiva para mejorar el rendimiento y la satisfacción del equipo.

El compromiso y el bienestar son dos conceptos que van de la mano (dos caras de la misma moneda) en cualquier entorno de trabajo, especialmente en un entorno ágil. **Compromiso** significa estar involucrado, motivado y apasionado por el trabajo que se realiza. Los miembros del equipo comprometidos son más productivos, creativos y resilientes. **Bienestar**, por otro lado, se refiere al estado de sentirse bien física, mental y emocionalmente. Un equipo con un alto nivel de bienestar es más colaborativo, menos propenso al agotamiento y más capaz de enfrentar desafíos.

Para los equipos ágiles, el compromiso y el bienestar no son opcionales; son esenciales. Sin compromiso, los equipos no pueden ser verdaderamente ágiles porque carecen de la motivación intrínseca para adaptarse y mejorar continuamente. Sin bienestar, el compromiso no puede sostenerse a largo plazo, ya que el agotamiento y el estrés se interpondrán en el camino.

Para comprender cómo fomentar el compromiso y el bienestar, podemos recurrir a los principios de la **psicología positiva**, una rama de la psicología que se centra en los aspectos positivos de la vida humana y cómo cultivar el bienestar. Psicólogos como **Martin Seligman**, conocido como el padre de la psicología positiva, han identificado varios factores que contribuyen al bienestar, incluyendo emociones positivas, relaciones significativas, logro y sentido de propósito.

Otro autor importante en este ámbito es **Daniel Goleman**, conocido por su trabajo sobre inteligencia emocional. Goleman ha destacado la importancia de la autoconciencia, la autogestión, la empatía y las habilidades sociales para el liderazgo efectivo, todas competencias cruciales para los líderes ágiles que buscan fomentar un ambiente de compromiso y bienestar.

Finalmente, **Mihaly Csikszentmihalyi** introdujo el concepto de **Flow**, un estado de inmersión total en una actividad que es intrínsecamente motivadora. El estado de flow es clave para el compromiso en el trabajo porque cuando los miembros del equipo están en flow, están más enfocados, creativos y satisfechos.

Para fomentar el compromiso y el bienestar en un equipo ágil es fundamental crear una verdadera experiencia positiva: un entorno de trabajo que genere **emociones positivas** y facilite el estado de **Flow**. Las emociones positivas, como la alegría, la gratitud y la esperanza, no solo hacen que el trabajo sea más agradable, sino que también mejoran la colaboración, la creatividad y la capacidad de resolver problemas.

Un estudio de la psicóloga **Barbara Fredrickson** sugiere que las emociones positivas amplían el repertorio de pensamientos y acciones de una persona, mejorando su capacidad para innovar y adaptarse.

Por ejemplo, recuerdo un proyecto en el que trabajé con un equipo que estaba luchando para mantener el compromiso debido a una carga de trabajo intensa y plazos ajustados. Decidimos implementar una «pausa positiva» cada día: un momento breve al comienzo de nuestra reunión diaria donde cada persona compartía algo bueno que había sucedido, ya fuera relacionado con el trabajo o algo personal. Este simple ejercicio tuvo un impacto sorprendente. Mejoró el ánimo del equipo y también aumentó la cohesión y la moral. Las emociones positivas generadas por estas pausas crearon un ambiente más colaborativo y creativo.

El estado de flow es igualmente importante para el compromiso. Para fomentar el flow, es esencial que los miembros del equipo tengan **claridad de objetivos**, un equilibrio adecuado entre sus habilidades y los desafíos del trabajo, y una **retroalimentación inmediata**. Cuando estos elementos están presentes, los equipos son más propensos a experimentar el Flow y, como resultado, estar más comprometidos y satisfechos con su trabajo.

En un entorno ágil, el **feedback** es una herramienta poderosa para mantener el compromiso y el bienestar. Sin embargo, el feedback no debe limitarse a la crítica constructiva o a la corrección de errores; también debe incluir reconocimiento y aprecio. Cuando los miembros del equipo sienten que su trabajo es valorado y que están haciendo una contribución significativa, experimentan un mayor **sentimiento de cumplimiento**, lo que a su vez aumenta su compromiso.

Una práctica que hemos implementado en algunos equipos ágiles es la **revisión de logros** durante las retrospectivas. Al final de cada sprint, dedicamos unos minutos a revisar lo que podríamos mejorar y a reconocer los logros individuales y del equipo (es muy importante). Esta práctica simple ayuda a crear un ambiente donde el feedback es equilibrado y motivador.

En un equipo ágil, los roles de **mentoría** y **facilitación** son esenciales para el compromiso y el bienestar. Los líderes ágiles deben actuar como mentores, proporcionando orientación y apoyo a los miembros del equipo en su desarrollo personal y profesional. La mentoría no solo ayuda a los miembros del equipo a mejorar sus habilidades, sino que también fortalece las relaciones dentro del equipo y aumenta el compromiso.

Además, los líderes ágiles deben ser buenos facilitadores, asegurándose de que los equipos tengan las herramientas, los recursos y el ambiente adecuado para tener éxito. Esto puede incluir facilitar reuniones efectivas, proporcionar recursos para el aprendizaje y el desarrollo, y crear un entorno donde se fomente la innovación y el pensamiento creativo.

En una organización ágil en la que trabajé había un equipo que estaba luchando con la moral baja y el agotamiento. Decidimos implementar una práctica de **feedback positivo** más estructurada. Cada semana, cada miembro del equipo tenía que dar al menos dos comentarios positivos a sus compañeros. Al principio, algunos miembros del equipo eran escépticos. «¿No será esto un poco forzado?», preguntaron.

Sin embargo, con el tiempo, esta práctica se convirtió en parte de la cultura del equipo. Mejorando la moral y el compromiso y ayudando a construir una atmósfera de apoyo y confianza. Un día, durante una retrospectiva, uno de los miembros del equipo comentó: «Antes, sentía que solo escuchaba comentarios cuando hacía algo mal. Ahora, sé que mi trabajo es valorado y siento que estoy marcando una diferencia».

**Herramientas Prácticas para Fomentar el Compromiso y el Bienestar**

1. **Checks de Bienestar.** Una práctica sencilla pero efectiva es comenzar las reuniones con un check-in rápido sobre cómo se siente cada miembro del equipo. Esto no solo ayuda a los líderes a tomar el pulso del equipo, sino que también permite a los miembros expresar cualquier preocupación o estrés.

2. **Mapas de Energía.** Esta herramienta puede ayudar a los equipos a identificar los momentos del día en los que son más productivos y ajustar sus tareas en consecuencia. Por ejemplo, algunos equipos encuentran que sus niveles de energía son más altos por la mañana y programan sus tareas más desafiantes en ese momento.

3. **Sesiones de Coaching y Mentoría Regular.** Establecer sesiones regulares de coaching y mentoría puede ayudar a los miembros del equipo a desarrollar sus habilidades y a sentir que están creciendo en su carrera. Esto también fortalece las relaciones entre los líderes y los miembros del equipo, mejorando el compromiso.

4. **Retroalimentación Positiva y Reconocimiento.** Implementar una cultura de reconocimiento, donde el feedback positivo se da con frecuencia, puede tener un impacto significativo en el bienestar y el compromiso del equipo. Las herramientas como «tarjetas de agradecimiento» o plataformas digitales para el reconocimiento pueden facilitar esta práctica.

**APRENDIZAJES DEL CAPÍTULO**

El compromiso y el bienestar son esenciales para la agilidad. El compromiso impulsa la productividad y la innovación, mientras que el bienestar garantiza la sostenibilidad a largo plazo.

Aplicar principios de la psicología positiva, como el fomento de emociones positivas y el logro de un estado de flow, puede mejorar sensiblemente el compromiso y el bienestar.

El feedback equilibrado que incluye tanto críticas constructivas como reconocimiento positivo es clave para mantener el compromiso y el bienestar en el equipo.

Los líderes ágiles deben actuar como mentores y facilitadores para apoyar el crecimiento y el desarrollo del equipo.

Herramientas como checks de bienestar, mapas de energía, sesiones de coaching y prácticas de reconocimiento pueden ayudar a fomentar un entorno de trabajo positivo y comprometido.

Crear un entorno donde se valoren tanto el compromiso como el bienestar requiere un cambio de cultura organizativa que fomente la confianza, la colaboración y la mejora continua.

El compromiso y el bienestar no son solo extras agradables en un entorno ágil; son componentes críticos que determinan el éxito a largo plazo de los equipos ágiles. Al centrarse en estas áreas, los líderes pueden no solo mejorar la satisfacción y el rendimiento del equipo, sino también construir una cultura que sustente la agilidad y el éxito continuo.

# AGILE COACH VS COACH AGILE

¿Cuál es la diferencia entre un Agile Coach y Coach Agile? Aunque ambos términos pueden sonar similares, en el mundo del desarrollo de software y la gestión de proyectos hay matices que valen la pena explorar.

### ¿Quién es el Agile Coach?

Ahora bien, empecemos con el Agile Coach. Imagina a este personaje como el guía de la agilidad en la organización. Su papel es ayudar a los equipos y a las organizaciones a adoptar y mejorar las prácticas ágiles. Un Agile Coach suele tener una amplia experiencia en metodologías ágiles, como Scrum, Kanban o Extreme Programming (XP). Es un experto que puede evaluar la madurez ágil de un equipo y diseñar un camino personalizado hacia la mejora continua.

### Características del Agile Coach

1.  **Facilitador de la transformación**. El Agile Coach sobre todo actúa como un facilitador. Escucha las necesidades del equipo y ayuda a implementar prácticas que se adapten a su contexto específico.

2.  **Mentor y entrenador**. A menudo, un Agile Coach se convierte en un mentor para los líderes del equipo, les ayuda a desarrollar habilidades de liderazgo y a fomentar una cultura ágil.

3.  **Concentrado en la organización**. No se limita a un solo equipo; su mirada abarca la organización en su totalidad.

Esto significa trabajar con múltiples equipos y departamentos para alinear esfuerzos y garantizar una verdadera transformación ágil.

## ¿Y el Coach Agile?

Por otro lado, el Coach Agile es un concepto menos conocido. No es una variante del Agile Coach, como algunas personas piensan, es un rol más centrado en el coaching individual o en equipos específicos. La clave aquí es que el Coach Agile suele centrarse más en la aplicación de prácticas ágiles dentro de un equipo particular.

### Características del Coach Agile

1. **Coaching individual y de equipo.** A diferencia del Agile Coach, el Coach Agile trabaja más estrechamente con un solo equipo, ayudando a sus miembros a adoptar las prácticas ágiles en su día a día.

2. **Desarrollo de habilidades.** El Coach Agile se centra en el desarrollo de habilidades específicas dentro del equipo. Puede ayudar a mejorar la comunicación, fomentar la autoorganización y facilitar la resolución de conflictos.

3. **Cultura del equipo.** Este tipo de coach se preocupa profundamente por la dinámica y la cultura del equipo. Trabaja para que todos se sientan valorados y escuchados, y que cada voz contribuya al proceso ágil.

**Comparación clave: Agile Coach vs. Coach Agile**

Hagamos un pequeño resumen de las diferencias clave entre ambos roles:

| Aspecto | Agile Coach | Coach Agile |
|---|---|---|
| Visión | Transformación organizativa. | Coaching de equipo específico. |
| Alcance | Varios equipos y departamentos. | Un solo equipo. |
| Función | Mentor, facilitador y evaluador. | Entrenador y facilitador de habilidades. |
| Objetivo | Mejora continua y alineación. | Desarrollar habilidades del equipo. |

Nota: No confundir la figura del Scrum Master, que puede parecerse al Coach Agile pero está circunscrito en el marco Scrum y es un rol más centrado en asegurar el propio marco y las prácticas ágiles. El coach Agile tiene un planteamiento más amplio, desarrolla competencias ágiles de equipos en la organización, de profesionales e incluso desarrolla roles como el del propio Scrum Master, el Product Owner o los líderes agiles.

**El impacto de ambos roles**

Ambos roles son esenciales en el viaje hacia la agilidad. Mientras que el Agile Coach puede ser el arquitecto de la transformación, el Coach Agile es el albañil que ayuda a construir la cultura ágil dentro de un equipo. Cada uno tiene un papel único, pero complementario.

Un Agile Coach, con su mirada amplia, puede identificar patrones y desafíos que un solo equipo podría no percibir. A su vez, un Coach Agile, al estar inmerso en el día a día del equipo, puede proporcionar el apoyo y las herramientas necesarias para que los miembros del equipo se sientan capacitados y motivados.

En las organizaciones necesitamos muchos albañiles y pocos arquitectos.

**Casos prácticos: ¿Cuándo utilizar cada rol?**
Para ilustrar la diferencia entre un Agile Coach y un Coach Agile, exploremos algunos casos prácticos.

**Caso 1: Transformación organizativa**
Imaginemos una empresa que ha decidido adoptar metodologías ágiles en toda la organización. Aquí es donde entra en juego un Agile Coach. Este profesional trabajará para establecer una visión clara de lo que significa ser ágil. A través de talleres, sesiones de coaching y asesoramiento, el Agile Coach facilitará la implementación de prácticas ágiles en diferentes equipos y departamentos, asegurándose de que todos estén alineados con la nueva metodología.

**Caso 2: Coaching de un equipo específico**
Ahora consideremos un equipo de desarrollo que ya ha comenzado su viaje ágil pero se enfrenta a desafíos específicos en la colaboración y la autoorganización. Un Coach Agile puede ser exactamente lo que este equipo necesita. Este profesional trabajará directamente con el equipo, ayudando a mejorar su comunicación, a resolver conflictos internos y a adoptar prácticas ágiles en su trabajo diario. El Coach Agile se convierte en un recurso

de valor incalculable para el equipo. Sirve de guía para la implementación de métodos que ayuden a ser más eficaces.

**Ejemplo de descripción del puesto: Agile Coach**

El Agile Coach será responsable de guiar a la organización en su viaje hacia la agilidad, facilitando la adopción de metodologías ágiles y fomentando una cultura de mejora continua. Este rol implica trabajar con múltiples equipos y líderes, ofrecen mentoría y apoyo estratégico para asegurar que los principios ágiles se implementen de manera eficiente en toda la organización.

**Responsabilidades:**
- Facilitar talleres y sesiones de formación sobre metodologías ágiles (Scrum, Kanban, etc.).
- Evaluar la madurez ágil de los equipos y diseñar planes de mejora.
- Colaborar con líderes de diferentes departamentos para alinear objetivos y estrategias ágiles.
- Promover una cultura de aprendizaje y experimentación en la organización.
- Monitorear el progreso y ofrecer retroalimentación continua para asegurar el cumplimiento de los principios ágiles.

**Competencias requeridas:**

1. **Experiencia en metodologías ágiles**. Dominio de Scrum, Kanban, XP y otras prácticas ágiles.
2. **Habilidades de facilitación**. Capacidad para guiar talleres y sesiones grupales con eficacia.
3. **Liderazgo transformacional**. Habilidad para inspirar y motivar a equipos y líderes en la adopción de la agilidad.

4. **Pensamiento estratégico**. Capacidad para alinear la visión ágil con los objetivos empresariales.
5. **Comunicación eficiente**. Excelentes habilidades de comunicación verbal y escrita para interactuar con todos los niveles de la organización.
6. **Adaptabilidad**. Flexibilidad para ajustarse a diferentes contextos y desafíos dentro de la organización.

**Ejemplo de descripción del puesto: Coach Agile**

El Coach Agile trabajará de manera directa con un equipo específico para fomentar la adopción de prácticas ágiles en su día a día. Este rol implica coaching individual, facilitación de ceremonias ágiles y el desarrollo de habilidades para mejorar la colaboración y la autoorganización dentro del equipo.

**Responsabilidades:**
- Facilitar actividades ágiles como reuniones diarias, retrospectivas y planificaciones de sprint.
- Proporcionar coaching y apoyo individual a los miembros del equipo para desarrollar sus habilidades.
- Fomentar una cultura de comunicación abierta y colaboración entre los miembros del equipo.
- Identificar y abordar obstáculos que puedan afectar el rendimiento del equipo.
- Evaluar y ajustar continuamente las prácticas ágiles del equipo para maximizar su efectividad.

**Competencias Requeridas:**
1. **Conocimiento práctico de agile**. Comprensión profunda de las metodologías ágiles y su aplicación en un entorno de equipo.
2. **Habilidades de coaching**. Capacidad para escuchar, guiar y apoyar a los miembros del equipo en su desarrollo personal y profesional.
3. **Facilitación de reuniones**. Habilidad para dirigir reuniones efectivas que mantengan al equipo concentrado y productivo.
4. **Resolución de conflictos**. Capacidad para identificar y manejar conflictos dentro del equipo de manera constructiva.

5. **Empatía**. Habilidad para entender las perspectivas de los miembros del equipo y fomentar un ambiente de trabajo positivo.

6. **Orientación al cliente**: Atención en la satisfacción del cliente y la entrega de valor en cada iteración.

## APRENDIZAJES DEL CAPÍTULO

Los términos Agile Coach y Coach Agile pueden parecer intercambiables a primera vista, pero cada uno tiene su propia esencia y propósito.

El Agile Coach se centra en la transformación organizativa y en la implementación de una cultura ágil más amplia. Es arquitecto/a y guía en las prácticas ágiles.

El Coaching Agile se centra en el desarrollo de habilidades y la mejora continua dentro de un equipo específico. Desarrolla las competencias ágiles en la organización.

La cultura ágil es un viaje en el que es fundamental contar con guías y compañeros que comprendan las diferentes facetas del proceso.

# EPÍLOGO

En los últimos años, no hay duda de que la palabra «agilidad» se ha convertido en un mantra en el mundo de los negocios. Desde startups hasta corporaciones globales, todos parecen estar hablando de agilidad. La promesa de ser más flexibles, adaptables y eficientes en un mundo que cambia a la velocidad de la luz ha captado la atención de líderes, equipos y organizaciones por todo el mundo. Pero, al igual que cualquier tendencia popular, la agilidad está rodeada de mitos y malentendidos que necesitan ser desentrañados. Este capítulo final está dedicado a reflexionar sobre por qué la agilidad es tan relevante hoy en día. También servirá para desmontar algunos mitos comunes y a explicar cómo el marco Agile Values Culture puede acelerar la agilidad estratégica de manera eficiente.

La agilidad ha captado el interés de tantas organizaciones porque ofrece una solución a los desafíos que plantea el actual entorno de negocios. Vivimos en un mundo de incertidumbre y cambio constante. Las empresas que pueden adaptarse rápidamente a nuevas circunstancias, aprender de sus errores y responder a las necesidades cambiantes del mercado tienen una ventaja competitiva importante.

La agilidad promete precisamente esto: una capacidad para cambiar de rumbo con rapidez y eficacia, para innovar de manera continua y para mantener alta la satisfacción del cliente.

El aumento del interés en la agilidad también se debe a la percepción de que las metodologías ágiles son una solución mágica. Sin embargo, aquí radica el primer mito que necesitamos romper.

Uno de los mitos más persistentes es la creencia de que la agilidad es una cuestión de seguir una metodología específica. Aunque marcos de trabajo como Scrum, Kanban y Lean son herramientas valiosas, la agilidad no reside en la metodología en sí, sino en la mentalidad y la cultura que respaldan esas herramientas. Implementar Scrum no hará que una organización sea ágil si no se han abordado los valores fundamentales y la cultura subyacente.

En el **Agile Institute** hemos desarrollado el marco **Agile Values Culture** para abordar precisamente esta cuestión. Este marco no se centra exclusivamente en técnicas y procesos, se centra en construir la cultura organizacional ágil, los valores fundamentales y las competencias clave necesarias para acelerar la agilidad estratégica.

El **Agile Values Culture** trabaja a nivel profundo, aborda la cultura desde una perspectiva basada en valores. En lugar de simplemente adoptar prácticas ágiles de manera superficial, este marco se centra en crear una base sólida para la agilidad basada en valores compartidos y un planteamiento basado en el desarrollo de competencias clave.

Nuestro modelo de **metacompetencias ágiles (MCA)** es fundamental en esta filosofía. El MCA se divide en cuatro niveles de impacto:

1. **Individual.** Competencias que los individuos deben desarrollar para ser eficaces en un entorno ágil.
2. **Equipo.** Competencias que permiten a los equipos trabajar de manera más colaborativa y eficiente.

3. **Organización.** Competencias necesarias para que la organización en su conjunto funcione de manera ágil.
4. **Estrategia.** Competencias que facilitan la alineación de la agilidad con los objetivos estratégicos de la organización.

Dentro de estos niveles, hemos identificado **12 metacompetencias y 49 competencias específicas** que son esenciales para la agilidad. Estas competencias abarcan desde habilidades de comunicación y liderazgo hasta capacidades de gestión del cambio y resolución de problemas. Y, como parte de nuestro planteamiento integral, hemos dejado una última competencia para que la elijas tú, adaptándola a las necesidades específicas y las características de tu organización.

Para entender la agilidad en su totalidad, retomemos la metáfora con la que se iniciaba este libro del mar, la playa y el surf.

Imagina de nuevo que la agilidad es como el surfista experimentado en la playa de Salinas, Asturias. El mar, en este caso, representa el entorno empresarial: siempre cambiante, impredecible y lleno de desafíos y oportunidades. La playa simboliza la cultura organizativa que proporciona el contexto en el que el surfista (la organización) debe operar. Finalmente, la tabla representa la metodología y las prácticas ágiles, que son las herramientas y técnicas que permiten al surfista y a la empresa navegar por las olas (el entorno empresarial).

Un surfista no puede dominar el arte del surf simplemente comprando la mejor tabla. Necesita entender el mar, conocer las olas y adaptar sus movimientos a las condiciones cambiantes. Del mismo modo, una organización no puede convertirse en ágil solo adoptando una metodología; necesita comprender su cultura, adaptarse a las condiciones del mercado y alinear sus prácticas con sus valores fundamentales.

Además, un surfista exitoso sabe que no siempre tendrá olas perfectas. Habrá momentos en que el mar esté tranquilo y momentos en que las olas sean difíciles de manejar. Lo importante es mantener el equilibrio, aprender de cada ola y estar siempre preparado para la siguiente. Así como un surfista se ajusta a las condiciones del mar, una organización ágil se adapta a las circunstancias cambiantes y aprende continuamente para mejorar su desempeño.

En conclusión, la agilidad no es un destino final, es un viaje continuo. Todos hablan de agilidad porque representa una forma eficiente de afrontar la incertidumbre y el cambio. Sin embargo, es crucial romper los mitos que la rodean y entender que la verdadera agilidad no está en seguir una metodología específica, sino en cultivar una cultura que valore el aprendizaje, la adaptación y la colaboración.

El marco **Agile Values Culture** y el modelo de **metacompetencias Ágiles (MCA)** ofrecen una visión integral para acelerar la agilidad estratégica y abordar la cultura organizacional y el desarrollo de competencias clave. Al centrarse en valores compartidos y en el desarrollo de habilidades esenciales, las organizaciones pueden construir una base sólida para la agilidad que va más allá de las técnicas y herramientas.

Como en el surf, el éxito en la agilidad va de domar las olas más grandes, pero lo importante es aprender a navegar con gracia y equilibrio a través de las condiciones cambiantes del mar. La agilidad es un viaje de adaptación y mejora continua, y aquellos que aprenden a surfear las olas del cambio con habilidad y confianza serán los que encuentren el mayor éxito en el dinámico mundo de los negocios.

Así que agarra tu tabla de surf, ajusta la postura y prepárate para enfrentarte a las olas del cambio. Con la predisposición adecuada, los valores correctos y las competencias bien desarrolladas, no solo navegarás con éxito en el mar de la agilidad, sino que también disfrutarás del viaje mientras lo haces.

¡El surf de la agilidad te espera!

# PRÁCTICAS ÁGILES EN EMPRESAS REALES

Acceso a videos de profesionales que han desarrollado competencias ágiles en sus equipos, proyectos y empresas reconocidas. Escanea el QR y accede al canal.

**Los videos incluidos en este apartado se irán actualizando a lo largo del tiempo en función de las entrevistas realizadas por el autor**

# REFERENCIAS BIBLIOGRÁFICAS

*Scrum: The Art of Doing Twice the Work in Half the Time*. Jeff Sutherland.

*The Lean Startup*. Eric Ries.

*Agile Estimating and Planning*. Mike Cohn.

*Drive: The Surprising Truth About What Motivates Us*. Daniel H. Pink.

*The Talent Code: Greatness Isn't Born. It's Grown. Here's How*. Daniel Coyle.

*Diccionario de competencias*. Martha Alles.

*Strengths Finder 2.0*. Tom Rath.

*Mindset: The New Psychology of Success*. Carol S. Dweck.

*The 7 Habits of Highly Effective People*. Stephen R. Covey.

*La Revolución de las Redes*. Xavier Marcet.

*Equipos Evo.*-Joan Quintana.

*Más allá del desarrollo organizacional*. Itamar Rogovsky.

# AGRADECIMIENTOS

Me gustaría agradecer a Jana Haid por sus diseños.

A Blanca Araujo por dejarme sus dinámicas de innovación y pensamiento visual.

A Sonia Rico por su corrección y empuje.

A Vanessa Sánchez por alguna competencia adicional.

A los y las entrevistadas por su tiempo y generosidad

# ANEXO 1

## DICCIONARIO COMPETENCIAS AGILE

### 1. Inteligencia emocional

Habilidad para reconocer, comprender y gestionar nuestras propias emociones y las de los demás. Incluye la capacidad para manejar las relaciones de manera eficiente y empática.

**Componentes competenciales:** Autoconocimiento, regulación emocional, empatía, habilidades sociales y gestión del estrés.

### 2. Adaptabilidad y predisposición al cambio

Capacidad para ajustarse a nuevas condiciones, aceptar cambios y reaccionar de manera flexible ante situaciones imprevistas. Implica la disposición a aprender y crecer en entornos cambiantes.

**Componentes competenciales:** Flexibilidad, resiliencia, mente abierta, seguridad psicológica y proactividad.

### 3. Calidad relacional y colaboración

Capacidad para construir y mantener relaciones saludables y colaborativas. Incluye la habilidad para trabajar en equipo, comunicarse abierta y eficazmente, y fomentar un ambiente de confianza y respeto.

**Componentes competenciales:** Trabajo en equipo, empatía, comunicación abierta, reciprocidad y resolución de conflictos y transparencia.

### 4. Comunicación eficiente

Habilidad para transmitir y recibir información de manera clara y eficiente. Incluye la capacidad de escuchar activamente, expresar ideas con claridad y adaptar el estilo de comunicación según el público.

**Componentes competenciales:** Claridad en los objetivos, comunicación abierta, feedback y retrospectiva, transparencia, diversidad e inclusión.

### 5. Compromiso y bienestar (Flow)

Estado de concentración y disfrute en la actividad que se realiza, donde se experimenta un alto nivel de satisfacción y productividad. Implica un equilibrio entre desafíos y habilidades, y una inmersión total en la tarea.

**Componentes competenciales:** Motivación y emociones positivas, atención y concentración (Flow), feedback, sentido y propósito, cumplimiento y logro, diversidad, reconocimiento y logro, facilitación y mentorización.

### 6. Innovación

Capacidad para generar y aplicar ideas nuevas y creativas que aporten valor. Incluye la disposición para experimentar, tomar riesgos y aprender de los errores.

**Componentes competenciales:** Creatividad, mentalidad emprendedora, capacidad de experimentación, aprendizaje continuo y pensamiento visual

### 7. Orientación al cliente

Habilidad para entender y anticipar las necesidades y deseos del cliente, proporcionando soluciones que agreguen valor y satisfacción. Implica priorizar el valor para el cliente y mantener una empatía constante.

**Componentes competenciales:** Empatía con el cliente, priorización y valor para el cliente, feedback continuo y proactividad.

## 8. Liderazgo Ágil

Habilidad para guiar y motivar equipos de manera flexible y adaptativa, promoviendo la colaboración, la innovación y la mejora continua. Incluye la capacidad de tomar decisiones rápidamente y fomentar un ambiente de aprendizaje.

**Componentes competenciales:** Liderazgo servicial, responsabilidad (accountability), inspiración y sentido (propósito compartido), toma de decisiones distribuida, delegación y empoderamiento, desarrollo de personas y equipos.

## 9. Pensamiento sistémico

Capacidad para entender y analizar cómo las partes de un sistema interactúan y afectan al todo. Incluye la habilidad para ver patrones y conexiones entre diferentes componentes.

**Componentes competenciales:** Visión holística, identificación de flujos, mejora continua.

## 10. Gestión del conocimiento

Habilidad para crear, compartir y utilizar el conocimiento de manera eficaz. Incluye la capacidad para fomentar el aprendizaje continuo y la transferencia de conocimientos dentro de la organización.

**Componentes competenciales:** Conocimiento compartido, aprendizaje continuo, polivalencia y desarrollo de personas y equipos.

## 11. Toma de decisiones basada en datos

Capacidad para utilizar datos y análisis para informar y guiar las decisiones. Incluye la habilidad para interpretar información y métricas, y aplicar estos conocimientos de manera estratégica.

**Componentes competenciales:** Uso de métricas y objetivos, pensamiento y análisis crítico, experimentación y aprendizaje continuo.

## 12. Competencias técnicas

Conjunto de conocimientos y habilidades específicas necesarias para realizar tareas y actividades particulares en un campo o profesión. Incluye la capacidad para utilizar herramientas y tecnologías relacionadas con el trabajo. **Componentes competenciales:** Dominio de metodologías y frameworks, competencias digitales, entrega de valor, desarrollo interactivo e incremental, operativa visible, cadencia y sincronización y alta productividad.

# ANEXO 2

## DICCIONARIO COMPLETO DE COMPETENCIAS AGILE DESARROLLADO POR AGILE INSTITUTE

### 1. Competencias Personales

**Autoconocimiento**
Habilidad para reconocer y comprender tus propias emociones, fortalezas, debilidades, valores y motivaciones. Implica un entendimiento profundo de cómo estos factores influyen en tu comportamiento y decisiones.

**Regulación emocional**
Capacidad para manejar y controlar tus emociones de manera eficiente, asegurándose de que estas no interfieran con tu rendimiento y bienestar general. Incluye el uso de técnicas para mantener la estabilidad emocional en situaciones estresantes.

**Empatía**
Habilidad para comprender y compartir los sentimientos de los demás. Pone en perspectiva sus experiencias y necesidades. Facilita la construcción de relaciones saludables y el apoyo a los demás.

**Gestión del estrés**
Capacidad para manejar el estrés de manera eficaz. Mantiene un alto rendimiento en situaciones desafiantes.

**Flexibilidad y adaptabilidad**
Capacidad para ajustarse a cambios y nuevas circunstancias sin dificultad. Incluye la disposición para cambiar de rumbo y adaptarse a nuevas situaciones o desafíos.

**Resiliencia**
Habilidad para recuperarse rápidamente de adversidades,

fracasos o contratiempos. Implica una actitud positiva y la capacidad de aprender de las experiencias difíciles.

## Mentalidad de crecimiento
Creencia en la capacidad de desarrollar habilidades y capacidades a través del esfuerzo y el aprendizaje continuo. Incluye la apertura a nuevos desafíos y la disposición para aprender de los errores.

## Seguridad psicológica
Sensación de confianza y libertad para expresar ideas, hacer preguntas y cometer errores sin temor a represalias. Es esencial para un ambiente de trabajo saludable y colaborativo.

## Creatividad
Capacidad para generar ideas nuevas y originales y encontrar soluciones innovadoras a problemas. Implica pensar fuera de los patrones convencionales y explorar nuevas posibilidades.

## Mentalidad emprendedora
Actitud proactiva hacia la identificación y aprovechamiento de oportunidades de negocio. Incluye la disposición para asumir riesgos calculados y la capacidad para innovar y liderar proyectos.

## Experimentación
Disposición para probar nuevas ideas y planteamientos, aprender de los resultados y ajustar estrategias según sea necesario. Implica una actitud abierta hacia el ensayo y error como método de aprendizaje.

## Aprendizaje continuo
Compromiso constante con el desarrollo personal y profesional a través de la educación, la capacitación y la autoevaluación. Incluye la voluntad de adquirir nuevas habilidades y conocimientos de manera constante.

**Emociones positivas y motivación**
Capacidad para mantener un estado emocional positivo y motivado, lo cual contribuye a una mayor productividad y satisfacción en el trabajo. Incluye la habilidad para generar y mantener una actitud optimista.

**Atención y foco (Flow)**
Capacidad para mantener una alta concentración en tareas importantes y lograr un estado de flujo donde se experimenta un alto nivel de involucración y eficiencia.

**Reto y sentido**
Capacidad para buscar y aceptar desafíos que proporcionen un sentido de propósito y satisfacción en el trabajo. Implica la búsqueda de tareas que te motiven y te permitan crecer.

**Polivalencia**
Habilidad para desempeñar una variedad de roles y tareas con eficacia. Incluye la capacidad de adaptarse a diferentes funciones y responsabilidades dentro de un entorno de trabajo dinámico.

**Pensamiento visual**
Habilidad para utilizar imágenes, diagramas y otros medios visuales para organizar y comunicar ideas de manera clara y eficiente.

## 2. Competencias de Equipo

### Trabajo en equipo
Habilidad para colaborar de manera eficaz con otros para alcanzar objetivos comunes. Incluye la capacidad para contribuir a la dinámica del grupo y apoyar a los compañeros.

### Inclusión y diversidad
Promoción de un entorno en el que se valoren y respeten las diferencias individuales. Incluye la capacidad para trabajar eficazmente con personas de diversos orígenes y perspectivas.

### Reciprocidad
Habilidad para dar y recibir apoyo y ayuda mutuos dentro de un equipo. Implica contribuir al bienestar general del grupo y estar dispuesto a colaborar.

### Resolución de conflictos
Capacidad para manejar y resolver desacuerdos y conflictos de manera constructiva. Incluye el uso de habilidades de negociación y mediación para llegar a soluciones satisfactorias.

### Transparencia
Habilidad para comunicar información de manera abierta y sincera. Incluye la disposición para compartir datos relevantes y ser claro sobre intenciones y decisiones.

### Feedback
Capacidad para proporcionar y recibir retroalimentación constructiva. Incluye la habilidad para ofrecer comentarios útiles y usar la retroalimentación para mejorar el desempeño.

### Feedback continuo
Práctica de ofrecer y recibir retroalimentación de manera regular y oportuna. Facilita la mejora continua y el ajuste de comportamientos y procesos en tiempo real.

### Claridad en los objetivos

Habilidad para definir y comunicar claramente los objetivos y metas del equipo. Incluye asegurar que todos los miembros comprendan lo que se espera de ellos.

### Empatía con el cliente

Capacidad para entender y responder a las necesidades y sentimientos del cliente. Incluye la habilidad para construir relaciones sólidas y satisfacer las expectativas del cliente.

### Orientación al cliente

Concentrarse en entender y satisfacer las necesidades del cliente. Implica la capacidad de alinear las actividades del equipo con los objetivos y expectativas del cliente.

### Priorización y valor para el cliente

Habilidad para identificar y priorizar las actividades que ofrecen mayor valor al cliente. Incluye la capacidad para gestionar recursos y esfuerzos en función de las necesidades del cliente.

### Cumplimiento y logro (reconocimiento)

Capacidad para alcanzar metas y objetivos establecidos y reconocer los logros y contribuciones. Implica celebrar el éxito y asegurar que el reconocimiento sea parte del proceso.

### Inspiración y sentido (propósito compartido)

Capacidad para motivar al equipo a través de un propósito común. Incluye la habilidad para comunicar una visión clara y alinear al equipo con objetivos inspiradores.

### Ritmo sostenible (flujos de trabajo)

Capacidad para mantener un ritmo de trabajo constante y manejable. Incluye la habilidad para gestionar cargas de trabajo y evitar el agotamiento mediante un flujo de trabajo equilibrado.

**Desarrollo de personas y equipos**
Habilidad para fomentar el crecimiento y desarrollo de los miembros del equipo. Incluye la capacidad para proporcionar oportunidades de formación y mentoría, y para apoyar el desarrollo profesional.

**Cadencia y sincronización global**
Capacidad para coordinar actividades y procesos de manera sincronizada en toda la organización. Incluye la habilidad para mantener un ritmo de trabajo que dirija a todos los equipos hacia objetivos comunes.

**Operativa visible**
Habilidad para hacer que los procesos y resultados del equipo sean transparentes y fácilmente accesibles. Incluye la capacidad para proporcionar visibilidad sobre el progreso y las métricas del equipo.

**Identificación de flujos**
Capacidad para reconocer y optimizar los flujos de trabajo y los procesos dentro del equipo. Incluye la habilidad para identificar cuellos de botella y mejorar la eficiencia operativa.

### 3. Competencias del liderazgo ágil

**Liderazgo ágil**
Habilidad para guiar equipos de manera flexible y adaptativa, para promover la colaboración, la innovación y la respuesta rápida a cambios. Incluye la capacidad para gestionar equipos en entornos dinámicos.

**Liderazgo servicial**
Filosofía de servir y apoyar a los miembros del equipo para que puedan alcanzar sus metas. Incluye la capacidad para priorizar las necesidades del equipo y proporcionar el apoyo necesario para su éxito.

**Accountability**
Responsabilidad y capacidad para rendir cuentas por las decisiones y resultados. Incluye la habilidad para asumir la responsabilidad de las acciones y los resultados tanto propios como del equipo.

**Desarrollo iterativo e incremental**
Planteamiento de realizar mejoras graduales y continuas a través de iteraciones. Incluye la capacidad para implementar cambios de manera incremental y ajustar procesos basados en retroalimentación continua.

**Entrega de valor**
Capacidad para proporcionar resultados que aporten un valor significativo a los clientes y a la organización. Incluye la habilidad para concentrar los esfuerzos en actividades que maximicen el impacto y los beneficios.

**Dominio de metodologías y frameworks**
Conocimiento y habilidad en el uso de metodologías y marcos de trabajo ágiles. Incluye la capacidad para aplicar estos métodos de manera eficaz para gestionar proyectos y procesos.

**Metodologías y frameworks**
Conjunto de prácticas y planteamientos sistemáticos utilizados para gestionar proyectos y procesos. Incluye el conocimiento para aplicarlos en situaciones adecuadas.

**Toma de decisiones distribuida y ágil**
Capacidad para permitir y fomentar la toma de decisiones en diferentes niveles del equipo. Incluye la habilidad para delegar autoridad y empoderar a los miembros del equipo para que tomen decisiones rápidas y eficientes.

**Atención continua a la excelencia**
Compromiso con la mejora continua y la búsqueda de la excelencia en todos los aspectos del trabajo. Incluye la

capacidad para establecer estándares altos y trabajar constantemente para superarlos.

### Gestión del conocimiento
Capacidad para recopilar, organizar y compartir el conocimiento dentro del equipo y la organización. Incluye la habilidad para asegurar que la información relevante esté disponible para todos los miembros del equipo.

### Aprender a aprender
Capacidad para desarrollar estrategias y habilidades que permitan el aprendizaje continuo. Incluye la habilidad para adaptarse a nuevos entornos y adquirir conocimientos de manera efectiva.

### Priorización ágil
Habilidad para identificar y dirigir los esfuerzos en las tareas más importantes y valiosas. Incluye la capacidad para ajustar rápidamente las prioridades en función de las necesidades cambiantes.

### Transformación ágil
Capacidad para guiar y gestionar cambios organizacionales hacia modelos de trabajo ágiles. Incluye la habilidad para facilitar la transición a metodologías ágiles y fomentar una cultura de mejora continua.

### Escalar agilidad
Habilidad para aplicar principios y prácticas ágiles a nivel organizacional, más allá del equipo. Incluye la capacidad para coordinar y alinear múltiples equipos en un entorno ágil.

Este diccionario cubre una amplia gama de competencias, agrupadas en tres categorías principales: competencias personales, de equipo y para líderes ágiles. Si necesitas adaptarlo y hacerlo compatible con tu organización escríbenos a hello@agileinstitute.es

# ANEXO 3

## EVALUACIÓN COMPETENCIAL ÁGIL

Os presento el sistema de evaluación con niveles del 1 al 5 que puede ser aplicado a cada una de las competencias mencionadas en el diccionario anterior. Este sistema define el grado de dominio o desarrollo que una persona puede tener en cada competencia:

### Nivel 1: Principiante (sin conocimiento previo)

- **Descripción:** El individuo muestra un conocimiento mínimo o nulo sobre la competencia. No tiene experiencia aplicando la habilidad en su entorno profesional o personal.
- **Indicadores:**
  - No comprende los principios básicos.
  - Requiere supervisión y orientación completa para abordar la competencia.
  - No ha demostrado ninguna iniciativa relacionada con esta competencia.

### Nivel 2: Conocedor (básico)

- **Descripción:** El individuo ha adquirido un conocimiento básico de la competencia, pero su aplicación práctica es limitada. Puede necesitar apoyo frecuente y orientación adicional para utilizar la habilidad.
- **Indicadores:**
  - Comprende los principios fundamentales, pero necesita mejorar en la ejecución.
  - Puede realizar tareas simples con supervisión.
  - Demuestra una disposición a aprender, pero aún carece de confianza en su aplicación.

**Nivel 3: Competente (intermedio)**

- **Descripción:** El individuo demuestra un manejo adecuado de la competencia y es capaz de aplicarla con éxito en situaciones cotidianas, aunque puede requerir apoyo en escenarios más complejos o novedosos.
- **Indicadores:**
    - Capaz de trabajar de forma autónoma en la mayoría de las situaciones relacionadas con la competencia.
    - Demuestra un entendimiento práctico y puede colaborar efectivamente en el contexto del equipo.
    - Requiere poca supervisión, pero puede necesitar ayuda para situaciones complejas.

**Nivel 4: Avanzado (experto)**

- **Descripción:** El individuo tiene un alto nivel de competencia y puede aplicar la habilidad en una amplia variedad de situaciones, incluso aquellas que son más desafiantes o nuevas. Ofrece orientación y apoyo a otros en esta área.
- **Indicadores:**
    - Maneja la competencia de forma fluida y eficaz en entornos complejos.
    - Actúa como un recurso para otros, brinda orientación y compartiendo conocimientos.
    - Proporciona resultados consistentes y de alta calidad en su área de especialización.

**Nivel 5: Maestro (líder/influenciador)**

- **Descripción:** El individuo domina la competencia y es capaz de influir en la mejora de la competencia dentro de su equipo u organización. Desarrolla nuevas estrategias o planteamientos y fomenta la adopción de mejores prácticas.
- **Indicadores:**
  - Lidera la implementación de mejoras relacionadas con esta competencia a nivel organizativo o de equipo.
  - Contribuye de manera significativa a la evolución de la competencia en la empresa o industria.
  - Sirve como mentor o coach, ayuda a otros a desarrollarse en esta habilidad.

**Aplicación del sistema de evaluación**

Cada competencia puede ser evaluada de acuerdo con los niveles descritos, asignando una calificación numérica del 1 al 5. Esto permite identificar el nivel de dominio actual y establecer un plan de desarrollo para avanzar hacia niveles más altos.

**Ejemplo de Evaluación: Competencia «trabajo en equipo»**

- Nivel 1 (Principiante): No tiene experiencia trabajando en equipos o muestra dificultad para colaborar.
- Nivel 2 (Conocedor): Colabora de manera básica en tareas de equipo, pero necesita supervisión frecuente.
- Nivel 3 (Competente): Trabaja bien con otros y contribuye, pero podría mejorar en escenarios más desafiantes.
- Nivel 4 (Avanzado): Lidera y facilita el trabajo en equipo, actúa como apoyo para otros miembros.
- Nivel 5 (Maestro): Inspira y motiva al equipo, implementa prácticas que mejoran la colaboración y los resultados.

Este sistema es flexible y puede adaptarse para evaluar competencias tanto a nivel individual como en equipos o líderes, por lo que proporciona una guía clara sobre las áreas de mejora y desarrollo. Para más información, visita **www.agileinstitute.es**

Al final, el talento ágil no solo se trata de adaptarse, sino de disfrutar del viaje aprendiendo.

¡Sigamos divirtiéndonos juntos en el camino!

¡Únete a la tribu!

**Aviso legal**

*No se permite la reproducción total o parcial de esta obra, ni su incorporación a un sistema informático, ni su transmisión en cualquier forma o por cualquier medio (electrónico, mecánico, fotocopia, grabación u otros) sin autorización previa y por escrito de los titulares del copyright. La infracción de dichos derechos puede constituir un delito contra la propiedad intelectual.*

**Copyright** @AntonioCanoGarcía, 2025
Liderar las olas del cambio desarrollando el talento ágil

**Editorial: BoD · Books on Demand, Calle de Manzanares, 4, 28005 Madrid,** bod@bod.com.es
**Impresión: Libri Plureos GmbH, Friedensallee 273, 22763 Hamburg (Alemania)**

ISBN: 978-84-1092-089-7

**ESPACIO PARA TUS NOTAS**